嵌入城市

农民工永久迁移意愿及其影响因素研究

陆文荣 / 著

上海社会科学院出版社
SHANGHAI ACADEMY OF SOCIAL SCIENCES PRESS

本书得到杭州市"西湖明珠工程"特殊支持人才计划、杭州市高层次人才特殊支持计划、杭州市社会科学院出版资金资助

序　言

规模庞大的农村人口向城市迁移构成了改革开放后中国鲜明的时代特征,对中国城镇化道路选择和发展战略具有重要影响。对这一群体永久迁移意愿的研究将有助于政府部门制定科学合理的城镇化发展规划。以往对移民迁移的研究形成了两种主要的解释路径——理性选择论和社会结构决定论。前者把移民视作具有理性精神和算计能力的个体,迁移前后的成本—收益的衡量决定了其永久迁移意愿。后者则更侧重对社会经济结构和制度环境的分析,认为这些外部力量才是决定永久迁移意愿的根本因素。两种解释路径本质上是经济学个体主义方法论和社会学整体主义方法论在移民研究中的具体应用。

总报告基于"嵌入性"概念和理论发展脉络,构建了农民工永久迁移意愿及其影响因素的新的分析框架——城市嵌入性对农民工永久迁移意愿的影响。城市嵌入性包括城市劳动力市场嵌入、城市社区嵌入和城市文化嵌入三个方面。这一分析框架强调,农民工永久迁移意愿并不简单是个体对经济社会收益的理性追求,也并不仅仅取决于外在结构和制度安排,而是取决于个体条件与社会结构的互动结果。课题组使用全国七城市农民工调查问卷对这一假设进行了检验。主要发现如下:大多数农民工愿意永久迁移城市,但不愿意放弃农村土地;农民工表现出明显的大城市偏好和省内城市偏好;农民工永久迁移意愿呈现出明显的地位分化与代际分化;家庭是农民工永久迁移城市的重要考虑因素;迁移时间对农民工永久迁移意愿呈倒U形影响;农民工的城市嵌入性表现为脱嵌型劳动关系、双重社会隔离和城市性不足;城市嵌入性对农民工永久迁移意愿具有重要影响,脱嵌型劳动关系、双重社会隔离和城市性不足均不利于农民工实现永久迁移城市。这些研究发现的政策启示是:第一,尊重农民工双向流动的意愿和现实。第二,通过行政手段控制大城市人口规模。第三,"土地换社保"宜缓行,农民可以带着土地进城。第四,针对农民工群体分化的社会现实,构建差别化的农民工社会政策。第五,推进城镇化的关键在于提高农民工城市嵌入性,特别是在就业、居住、社会保障和社会交往方面。

专题报告一《居住的政治:农民工居住隔离的形成机制与社会后果》将居住隔离这一理论视角引入农民工居住问题的研究,通过对全国七城市流动人口调查数据和长三角七城市劳工调查数据农民工子样本分析,揭示了外来农民工在流入地城市"大分散、小集中"的块状分布特征。文章从结构和行动两个维度探讨了这一居住空间分布的形成机制,指出农民工居住隔离的形成不仅是市场分化和保障缺位的结果,还是农民工群体的自我选择。报告全景呈现了城市亚文化区域作为居住隔离的社会后果及其内部特征,主要是以城市危旧住宅为主要特征的建筑景观,以内聚型社会关系网络为主要特征的组织形态,以非正规经济的聚集为主要特征的经济活动,以乡土性的延续为主要特征的生活方式,以城市他者与新底层为主要特征的社会认同。

专题报告二《共富背景下杭州促进流动人口住房保障的政策创

新研究》对人口流入增长速度最快的新一线城市——杭州的住房保障体系做了介绍。为了破解流动人口住房难问题,杭州市创新住房保障体系建设,在供给上建立了公租房、蓝领公寓、共有产权住房三位一体的新住房保障体系,在管理上建立了基于住房的流动人口信息管理和公共服务体系,为全国流入地城市促进外来人口实现"住有所居"提供了经验借鉴。

目 录

总 报 告

第一章　导论　3
第二章　文献回顾与研究框架　20
第三章　农民工永久迁移意愿的现状　59
第四章　脱嵌型劳动关系与农民工永久迁移意愿　81
第五章　双重社会隔离与农民工永久迁移意愿　112
第六章　城市性与农民工永久迁移意愿　133
第七章　结论与展望　153

专 题 报 告

专题报告一　居住的政治：农民工居住隔离的形成机制与社会后果　177
专题报告二　共富背景下杭州促进流动人口住房保障的政策创新研究　202

参考文献　209

总报告

第一章
导　论

一、研究背景和研究意义

(一) 研究背景

　　肇始于18世纪中叶的工业革命促进了生产力的极大发展,同时改变了人类生活的组织形态和空间分布——现代性城市应运而生。自此以后,人类大规模地从农村向城市迁移,构成了世界历史发展的基本景象,城市人口占总人口的比例也成为衡量一个地区或国家城市化水平的核心指标。20世纪以来,工商业的快速发展使得城市化进程加快,发达国家的城市化水平不断提升。进入21世纪,世界主要发达国家的城市化水平达到或超过80%,城市化进程基本完成。

　　历史原因使中国城镇化进程起步较晚,且路途坎坷,经历了从发生到广泛发展的过程。胡鞍钢将新中国成立60年来国内人口迁移划分为红灯、黄灯、绿灯三个阶段。红灯阶段是20世纪50年代中期到1983年底,除了少许的升学、招工名额以外,基本上不允许农民进城。黄灯阶段是从1984年到20世纪末,允许农民自带干粮进城,但农民进城实际上还有违当地政府的就业、居住等城市社会管理政策。

进入21世纪,我国在第十个五年计划中首次明确要确保农业劳动力大规模转移,并提出每年800万人的转移就业指标,我国农民工政策由此进入了绿灯阶段。①文军把改革开放之后的人口迁移划分为四个阶段。第一阶段是1970年至1983年,政府禁止劳动力自由流动;第二阶段是1984年至1988年,政府开始允许农民自带口粮进城务工;第三阶段是1989年至1991年,劳动力迁移问题开始引发社会的广泛关注,政府开始意识到有必要实施干预控制;第四阶段是1992年之后,中央开始鼓励农民进城务工。②

总之,20世纪80年代之前,基于户籍制度的城乡二元对立空前加强,严重阻碍人口自由迁移,中国的城市化率较低,1978年只有12%。20世纪80年代中国乡镇企业的短暂繁荣一度吸引大量农村人口到中小城镇务工,但还是停留在"亦工亦农"状态,且乡镇企业改制破产导致大量农村劳动力向农业回流。进入20世纪90年代,中国确立社会主义市场经济制度,工业化、市场化、城市化进程加快,人口流动的数量和半径同步增大。其中,由农村向城市迁移的农村人口构成了当代中国人口流动的主体,通常被称为"农民工",意指那些具有农村户籍身份却在城市务工与生活的人口,根据国家统计局最新抽样调查结果,2020年全国农民工总量为28 560万人③。

国际移民经验表明,农村劳动力向城市的迁移通常包括两个过

---

① 转引自孙自法:《中国存在"四农"问题 农民工问题是核心》,《三农中国》2005年第10期,第1页。
② 文军:《从分治到融合:近50年来我国劳动力移民制度的演变及其影响》,《学术研究》2004年第7期,第34页。
③ 国家统计局:《中华人民共和国2020年国民经济和社会发展统计公报》,2021年2月28日,http://www.stats.gov.cn/tjsj/zxfb/202102/t20210227_1814154.html。年度农民工数量包括年内在本乡镇以外从业6个月及以上的外出农民工和在本乡镇内从事非农产业6个月及以上的本地农民工。

程,首先从迁出地转移出去,然后选择在城市定居下来[①]。但是,中国农民工并不能够顺利完成这两个阶段。囿于各种原因,他们当下虽然可以比较自由地流动到城市就业,但是相当高比例的农民工还不能够通过改变户籍和购买房屋等方式实现永久迁移。其结果一方面表现为中国的城镇化水平滞后于工业化水平,另一方面表现为农民工在城乡之间的"候鸟式迁移"[②]和"循环流动"[③]。也有学者把农民工的这种生存状态称为"不彻底的城市化""半城市化"或"浅度城市化"[④],基于马克思主义立场的劳工社会学研究者则称之为"拆分型"劳动力再生产模式[⑤]。农民工生存的"边缘性"、身份的"过渡性"、迁居的"暂时性",必然会催生诸多社会经济问题,对城市社会秩序与治理形成挑战,根本出路在于推进"以人为本"的新型城镇化战略。党的二十大报告明确指出,推进以人为核心的新型城镇化,加快农业转移人口市民化。《国务院关于深入推进新型城镇化建设的若干意见》(2016年)指出,以人的城镇化为核心,通过加快落实户籍制度改革、全面实行居住证制度、推进城镇基本公共服务常住人口全覆盖、加快建立农业转移人口市民化激励机制等举措,积极推进农业转移人口市民化。近年来,许多地区特别是流入地政府在户籍改革方面做出了诸多探索。数量庞大的农民工群体长期工作和生活在城

[①] 尉建文、张网成:《农民工留城意愿及影响因素——以北京市为例》,《北京工业大学学报》2008年第1期,第9页。
[②] 白南生、何宇鹏:《回乡,还是外出?——安徽四川二省农村外出劳动力回流研究》,《社会学研究》2002年第3期,第76—77页。
[③] 转引自蔡禾、王进:《"农民工"永久迁移意愿研究》,《社会学研究》2007年第6期,第86—113页。
[④] 左学金:《"浅度城市化"如何破题》,《人民论坛》2010年第7期,第66—67页。
[⑤] 沈原:《社会转型与工人阶级的再形成》,《社会学研究》2006年第2期,第13—36页;任焰、潘毅:《跨国劳动过程的空间政治:全球化时代的宿舍劳动体制》,《社会学研究》2006年第4期,第21—33页。

市,是最有可能率先实现留城定居的群体,显然也成为这些政策的目标群体。在户籍制度改革背景下,究竟有多少比例的农民工会放弃农村户籍,选择城市户籍,做出永久迁移城市的决策,以及永久性迁移意愿的影响因素和作用机制,值得继续深入研究。作为中国城市化进程的热点问题,关于永久迁移的研究大部分以流动人口或农民为分析对象,而基于这一群体的结论对农民工群体是否适用,仍未可知[1]。即使那些关注农民工永久迁移的研究,也并未充分重视农民工群体分化这一基本事实。

与本书研究主题相关的另外一个重要的背景是中国城镇化路径选择,即究竟是优先发展大城市还是优先发展中小城市。关于中国城市化的道路选择,一直存在"大城市派"和"中小城市派"的激烈争论。前者主要看重大城市的规模效应、集聚效应和辐射效应,主张建设大型城市和大型都市圈[2];后者则指出发展中小城镇符合中国农民数量庞大、区域分布广泛和经济社会发展水平低的国情,小城镇可以充当城市与乡村的联结点,是一种具有中国特色的就地城镇化道路[3]。著名社会学者费孝通先生即是小城镇的主要倡导者,这一立场与整个20世纪80年代中国乡镇企业的繁荣发展紧密相关。其间,农村劳动力在农业生产之外可以从事第二、第三产业。"中小城市派"的第二个充分的理由在于大城市病的出现,交通拥堵、环境污染、违法犯罪等更多存在于大城市,城市似乎并不能让人们的生活更

---

[1] 蔡禾、王进:《"农民工"永久迁移意愿研究》,《社会学研究》2007年第6期,第86—113页。
[2] 陆铭、高虹、佐藤宏:《城市规模与包容性就业》,《中国社会科学》2012年第10期,第47—66页;王小鲁:《中国城市化路径与城市规模的经济学分析》,《经济研究》2010年第10期,第20—32页。
[3] 宋林飞:《"民工潮"的形成、趋势与对策》,《中国社会科学》1995年第4期,第78—91页。

舒适。在两派争论之外,也有学者提出"大中小城市协调发展"和"城市群"建设①等折中的城镇化方案。

虽然关于城市化道路的争议尚无定论,但是政府关于城镇化发展路径的政策设计日渐明晰,2014年3月《国家新型城镇化规划(2014—2020年)》指出,"把加快发展中小城市作为优化城镇规模结构的主攻方向",发展中小城镇成为重构城市体系、优化我国城市化空间战略布局的关键抓手。2014年7月下发的《关于进一步推进户籍制度改革的意见》指出"要严格控制500万人口以上的特大城市人口规模,合理确定100万—300万人口的大城市落户条件,有序放开50万—100万人口的中等城市落户限制,全面放开建制镇和小城市落户限制"。相应地,上海市发布的户籍制度改革意见提出到2020年上海全市常住人口规模控制在2 500万人以内。北京继2005年城市总体规划首次宣布2020年人口规模要控制在1 800万人之后,2015年再次宣布2020年人口规模上限为2 300万人。《广州市城市总体规划(2011—2020年)》提出,到2020年,市域常住人口控制在1 800万人以内。除了北、上、广这三个一线特大城市,南京、深圳、杭州、武汉等城市总体规划均明确提出了2020年人口控制规模。那么,作为政策主要目标群体的农民工,其真实的城市定居偏好究竟是大城市还是中小城市,直接关系到城市人口规模控制计划的实施效果,甚至关系到中国城市化道路的成败。以往研究主要关注的是农民工"是否愿意留城定居""是否愿意为了城市户籍而放弃农村土地"等,对农民工城市定居偏好关注较少。这恰恰是本研究试图拓展回答的问题。

---

① 肖金成:《城市群实现大中小城市协调发展》,《城市住宅》2013年第4期,第44—45页。

(二) 研究意义

本书希望通过探讨农民工永久迁移城市意愿和行为、城市定居偏好、影响因素等，体现以下价值。

首先，本书除了关注农民工的永久迁移意愿和行为，还将着重考察农民工的城市定居偏好，即多元定居意愿的研究。这会使得我们对农民工的永久迁移意愿有更为全面的了解和把握。甚至可以说，了解农民工更偏好定居大城市还是中小城市，比单纯了解农民工愿意定居农村还是城市，更为重要。哪些人愿意永久迁移到城市，哪些人愿意继续居留农村，哪些人愿意定居大城市，哪些人愿意定居小城市，这是首先需要描述清楚的重大实践问题。作为中国城镇化道路推进的民意基础，相比中小城镇发展战略，城市定居偏好对大城市发展战略的影响更为直接。显然，研究结果会有利于政府制定的政策更合理，政策执行更有效，以促进城镇化平稳、健康发展。

其次，本书将突破以往研究把农民工作为同质性整体的处理方法，着重考察农民工群体分化对其永久迁移意愿和城市定居偏好的影响，即更加注重对迁移意愿和城市定居偏好的内部结构考察。除了关注性别、年龄、婚姻等不同社会人口特征的农民工的永久迁移意愿和城市定居偏好，更加关注底层农民工群体与作为城市新移民的白领群体，农民工正规就业群体与农民工非正规就业群体，体力型迁移农民工、智力型迁移农民工与投资型迁移农民工，老一代农民工和新生代农民工在永久迁移意愿和城市定居偏好方面存在的差异，并寻找合理化的机制解释。对农民工永久迁移意愿分化的把握可以为设计具有针对性的农民工社会政策提供依据。

最后，本书从城市嵌入性出发构建的农民工永久迁移意愿影响因素的分析框架,将更加符合农民工永久迁移实践的现实情况,为以往理性选择和社会结构决定两大解释范式提供反思。与以往研究要么关注微观个体因素,要么关注宏观社会结构因素对永久迁移意愿和城市定居偏好的影响相比,嵌入性视角是一种连接微观与宏观、个体与结构(市场、制度、文化等)的更具中层理论意蕴和可操作性的分析视角。在探讨影响因素时,本书特别关注,制度与市场究竟哪个更为重要,抑或具有叠加效应。

二、研究目标和研究内容

(一) 研究目标

本研究立足长三角人口流入地城市调查数据,并比照全国七城市调查数据和长三角劳工调查数据,描述农民工永久迁移城市意愿,在回顾已有实证研究文献基础上,以嵌入性理论为基础,借鉴工作嵌入理论对员工离职意愿的理论和经验研究,从城市嵌入性视角构建农民工永久迁移城市意愿的影响因素分析模型,为政府制定精准有效的社会政策提供依据。具体如下。

研究目标 1:了解农民工群体的永久迁移意愿和城市定居偏好,为中国城镇化路径选择提供民意基础。

研究目标 2:揭示农民工永久迁移意愿的影响因素,特别是制度障碍,为政府户籍制度改革突破提供政策建议。

研究目标 3:挖掘农民工永久迁移意愿背后的社会文化意义,对农民工永久迁移行为形成更为完整的认知。

研究目标 4:在梳理以往农民工永久迁移相关理论和实证研究基

础上,基于嵌入性理论,构建农民工永久迁移意愿影响因素的分析模型。

研究目标 5:使用问卷调查数据,对城市嵌入性与农民工永久迁移意愿之间的因果关系模型进行验证。

(二) 研究内容

第一,对国内外人口迁移的理论成果进行系统梳理、分类和总结,对理性选择范式和社会结构决定范式提出反思,从而提出从社会结构和个人条件的互动结果(结构化)来看待农民工永久迁移意愿和行为。

第二,梳理农民工永久迁移相关实证研究文献,对影响农民工永久迁移意愿的宏观因素(制度和政策因素、经济因素、社会文化因素)和微观因素(人力资本、社会资本、主观心理因素)进行归类、总结。

第三,回顾嵌入性理论发展脉络及其在中国农民工研究中的应用,并说明该理论用以分析农民工永久迁移意愿的适用性。

第四,基于嵌入性理论和国内外农民工迁移研究的相关文献,借鉴工作嵌入理论对员工离职意愿的研究,构建本书的分析框架,从城市劳动力市场嵌入、城市社区嵌入和城市文化嵌入三个角度对农民工永久迁移意愿展开分析。

第五,借助 Stata 统计分析软件,描述农民工总体的永久迁移意愿和城市偏好,比较农民工群体与外来城镇移民永久迁移意愿。比较不同人口学特征(性别、年龄、婚姻状况和受教育程度)、迁移模式(家庭化迁移还是个体迁移)、职业特征、来源地特征(西部、中部和东部)的农民工的永久迁移意愿差异,重点关注农民工的代际分化和社会地位分化(职业)对农民工永久迁移意愿的影响。

第六,用数据呈现当前农民工城市劳动力市场嵌入情况、城市社区嵌入情况和城市文化嵌入情况,并探讨脱嵌型劳动关系、双重社会隔离和城市性与农民工永久迁移意愿的因果分析模型。

第七,在上述理论分析和实证分析基础上,与已有的农民工永久迁移意愿的分析框架展开对话,并就下一步城镇化路径选择、构建差别化的社会政策和户籍制度改革的着力点提出政策建议。

三、概念界定

(一) 农民工

农民工一般是指保留农民身份但是在城市从事工业和服务业等生产经营活动的群体,先后有"城市盲流""进城务工人员""打工妹、打工仔""城市外来人口""农民工""新市民"等称谓[①]。本研究对农民工的界定采用《国务院关于解决农民工问题的若干意见》(2006年)一文的说法,即"户籍在农村,在乡镇或城市主要从事非农业生产,有的在农闲季节外出务工、亦工亦农,流动性强,有的长期在城市就业,已经成为产业工人重要组成部分的人员"。

(二) 永久迁移意愿

永久迁移意愿在很多研究中也被称为留城意愿、城市定居意愿、

---

① 汪勇:《"农民工"称谓的历史演变及其启示》,《南京社会科学》2007年第11期,第89—93页;王道勇:《社会称谓视角下的农民工社会形象变迁》,《中州学刊》2016年第1期,第75—76页。

城市居留意愿[①],主要从主观上把握农民工的城市化意向,为政府制定相关政策提供依据。本书所关注的农民工的永久迁移意愿,并不是感性意义上的随意判断,而是一种在城市工作和生活的长久计划,是一种基于个体条件与外部社会环境综合判断的理性抉择。在测量时,本书明确反对将农民工的永久迁移意愿和户籍、土地捆绑在一起,即农民工进城不一定要放弃农村土地资源。此外,不同于以往研究"是"和"否"的简单二分类操作,本书所界定的永久迁移意愿还包含农民工的城市定居偏好,包括外省省会城市、省内省会城市、老家县城/地级市和外省中小城市等备选。

(三) 脱嵌型劳动关系

本书使用"脱嵌型劳动关系"来描述农民工嵌入城镇劳动力市场的实际情况,指出城镇劳动力市场是农民工城市嵌入的一个非常重要的场域(客体),是否决定永久迁移城市很大程度上取决于农民工城市劳动力市场嵌入程度。孙中伟和张宁俊曾经分别用"脱嵌型雇佣关系(Disembedded Employment Relations)"和"脱嵌型劳动关系"来形容农民工和新生代农民工的劳动关系的实际状态[②],但是他们关心的是农民工和用工企业的关系,用以探讨农民工的离职意愿。本书主要关注的是城市劳动力市场嵌入程度及其对农民工永久迁移城市意愿的影响,所以本书界定的"脱嵌型劳动关系"主要是指农民

[①] 黄庆玲:《新生代农民工城市定居意愿研究——基于辽宁的调查》,博士学位论文,沈阳农业大学,2014年;朱宇:《户籍制度改革与流动人口在流入地的居留意愿及其制约机制》,《南方人口》2004年第3期,第21—28页。
[②] 孙中伟、杨肖锋:《脱嵌型雇佣关系与农民工离职意愿——基于长三角和珠三角的问卷调查》,《社会》2012年第3期,第121页;张宁俊、兰海、袁梦莎:《新生代农民工脱嵌性劳动关系研究》,《中国劳动》2015年第6期,第49页。

工与城镇劳动力市场发生的各种制度化与非制度化联系,即城镇劳动力市场各种制度和关系结构的约束及其结果。城镇劳动力市场这张网会将农民工卡住(stuck),是农民工不愿意脱离城镇劳动力市场的综合性因素,参照工作嵌入相关研究,从连接、适应和代价三个方面测量。

(四) 双重社会隔离

双重社会隔离表明的是农民工对城市社区生活的实际嵌入情况,表现为居住隔离和交往隔离,主要是指农民工在城市居住在相对集中的区域,比如城中村、城乡接合部、单位集体宿舍等,居住环境脏、乱、差,与本地城市居民居住空间划定了比较清晰的经济社会边界,在社会交往方面表现出内聚性,主要交往对象固定在传统血缘、地缘关系网络,与本地城市居民保持较远的社会距离。

(五) 城市性

城市社会与农村社会是两种不同性质的社会系统,内部经济构造、社会构造和文化构造都有不同。齐美尔较早关注了这种不同的文化和人格层面,专门探讨了大都市市民的精神生活。沃思更进一步,提出了"城市性"这一概念,指称城市特有的生活方式。他认为城市具有区别于乡村的一整套社会与文化特质,表现在个人身上就是个体易变性,与他人缺乏亲密感,人际关系碎片化、表面化但具有合伙性,人际互动匿名性增强[1]。本书界定的城市性是指现代城市环境所造成的城市社会联结和社会关系模式及其所塑造的现代城市居

---

[1] Wirth, L., "Urbanism as a Way of Life," *American Journal of Sociology*, Vol.44 (1938), pp.3-24.

民独特的心理和行为特征的综合。流动导致农民工传统乡土性减弱,现代城市性增强,价值观念、生活态度和行为模式不断向城市居民靠拢。本书只聚焦这一转变的基本事实,而不做出城市性优越于乡土性的价值判断。

四、数据来源与统计方法

(一) 数据来源

本书分析所用的数据,源自南开大学关信平教授领衔的教育部2012年度哲学社会科学研究重大课题攻关项目(项目编号为12JZD022)课题组与华东理工大学合作,于2013年8—9月间针对上海、天津、武汉、成都、兰州、哈尔滨、广州等7座城市流动人口所做的抽样调查。调查对象既包括具有正式工作的外来人口(主要包括农民工和受过大学教育的白领),也包括自雇就业、打散工以及小店铺的雇工等非正规就业外来人口群体。调查由7座城市的7所大学共同实施完成,分别是华东理工大学、南开大学、华中师范大学、四川大学、兰州大学、哈尔滨工业大学、中山大学。调查的内容广泛涉及流动人口的个人基本情况、就业情况、消费和生活状况、社会参与情况、子女情况和服务需求、父母情况和需求、医疗卫生与心理健康状况和需求,以及其他综合性公共服务需求等。

外来务工人员总体抽样框的缺乏使得调查很难严格遵守随机抽样原则[①],调查采取配额抽样、滚雪球抽样和偶遇抽样相结合的方式

---

① 这也是几乎所有的流动人口或边缘人群的抽样调查中曾经遇到的问题,转引自汪华、孙中伟:《城市新移民的工作脆弱性及其后果》,《学海》2015年第2期,第67—74页。

进行。为了最大可能扩大群体的多样性和代表性,课题组将7座城市政府部门公布的人口统计数据作为参数进行配额,控制了性别、行业、职业、地域等指标进行抽样,并做出如下规定:企业规模在300人以上的,可做5份;企业规模在30—299人之间的,可做3份;企业规模在30人以下的,只做1份。多份问卷须选择不同性别、工种、年龄或来源地的外来移民。调查问卷全部由受过培训的大学生调查员通过面对面的结构化访谈和填答完成。通过这种抽样调查方式,最终获取3 588个样本,其中农民工2 525个。问卷内容包括:被访者的个人基本特征、家庭情况、工作环境、身体以及心理健康状况等。问卷长度约为16页,每份问卷需要30—40分钟填答完毕。剔除奇异值、信息不真实、信息不完整等情况,最终7座城市有效样本量2 506个。表1-1呈现了调查样本的基本特征,从中可知:

性别分布。男性农民工占比58.85%,女性农民工占比41.15%。

年龄分布。农民工的平均年龄为31.87岁,1980年之后出生的农民工占比为62.89%,表明农民工群体内部已经实现了代际更替,新生代成为农民工的主力军。

文化程度。农民工文化程度整体偏低,55.41%的农民工只有初中及以下文化程度,22.77%的农民工具备高中或技校文化程度,大专及以上文化程度的农民工占比为21.82%。不过,与之前的调查数据相比,农民工的受教育水平有不断提高的趋势。

婚姻状况。56.23%的农民工已婚,43.77%的农民工处于未婚状态。

职业分布。农民工在城市的就业主要包括正规就业和非正规就业两种情况。正规就业占比51.39%,非正规就业占比48.61%。从

表 1-1　样本基本情况

变　量		百分比（%）	变　量		百分比（%）
性别	男	58.85	正规就业职业类型	生产工人	33.58
	女	41.15		后勤服务人员	17.42
出生年份	1969年及以前	18.02		专业技术人员	17.31
	1970—1979年	19.09		基层管理人员	6.27
	1980—1989年	34.81		中高层管理者	2.19
	1990年及以后	28.08		销售人员	10.75
文化程度	初中及以下	55.41		办公室工作人员	8.97
	高中/技校	22.77		其他	3.51
	大专及以上	21.82	非正规就业职业类型	固定场所经营者	35.82
婚姻状况	未婚	43.77		流动摊贩经营者	6.84
	已婚	56.23		小工厂或店铺的受雇者	28.73
月收入状况	1 500元及以下	8.71		散工或零工	21.90
	1 501—2 500元	28.71		收废品者	0.76
	2 501—3 500元	25.90		有手艺小工匠	4.05
	3 501—4 500元	9.58		其他	1.90
	4 501元及以上	27.09	来源地	西部	31.38
就业状况	有编制职工	2.81		中部	47.03
	合同制员工	45.25		东部	21.59
	劳务派遣工	3.09	目的地	天津	13.97
	实习生	2.54		上海	15.63
	临时工	15.02		广州	15.24
	自己经营	13.00		武汉	15.04
	小店铺或工厂雇工	9.43		成都	14.17
	散工	8.40		兰州	12.78
	其他方式	0.48		哈尔滨	13.18
迁移年份	1990年及以前	3.52	户籍类型	本地农业	8.04
	1991—2000年	15.17		外地农业	91.96
	2001年及以后	81.31			

事正规就业的农民工群体中,以生产工人和后勤服务人员为主,占比为51%,17.31%从事专业技术工作,6.27%从事基层管理工作。非正规就业分为自雇者和受雇者两个群体:前者主要包括固定场所经营者、流动摊贩经营者、收废品者、有手艺小工匠,占比为47.47%;后者主要包括小工厂或店铺的受雇者、散工或零工等,占比为50.63%。总的来说,无论是正规就业还是非正规就业,农民工主要在城镇劳动力市场从事体力劳动。

迁移时间。农民工平均迁移时长为10.70年,3.52%的农民工于1990年及以前就迁移到所在城市,15.17%的农民工于1991—2000年迁移到所在城市,81.31%的农民工于2001年及以后迁移到所在城市。

来源地分布。来自中部地区的农民工最多,占比为47.03%;其次为来自西部地区的农民工,占比为31.38%;来自东部地区的农民工最少,占比为21.59%。

目的地分布。7座城市的样本分布比较平均,基本上都在15%上下。

户口所在地分布。外来农民工占比91.96%,本地农民工只有8.04%,可见跨省或跨市流动是大城市农民工的主要流动空间形态。

样本基本特征与国家统计局发布的《2016年农民工监测调查报告》基本保持一致,表明了本样本具有一定代表性。

(二) 统计方法

本书使用Stata 12.0对农民工样本数据进行描述性和解释性统计分析,具体统计分析技术包括单变量描述统计、双变量相关分析、单因素方差分析、多元线性回归分析和二元logit模型分析。

1. 单变量描述统计

本书使用这种方法来计算各个变量的基本分布情况,主要包括百分比和平均值,可以通过 Stata 的命令 tab 和 sum 来实现。

2. 双变量相关分析、单因素方差分析

双变量相关分析主要是检验两个类别变量之间的相关性,Stata 命令为 tab。

单因素方差分析主要检验多个平均值的差异性,Stata 命令为 oneway。

3. 多元线性回归分析

多元线性回归分析主要检验多个自变量对因变量的影响,要求因变量为连续型变量。当分析农民工生活满意度、精神健康和公益意愿时,本书使用这种分析方法(普通最小二乘法,OLS)。

$$Y = B_1 X_1 + B_2 X_2 + B_3 X_3 + \cdots + B_k X_k + B_0 + \varepsilon$$

公式中,Y 为连续性的因变量(数值型变量),X 为自变量,$B_1 - B_k$ 为影响系数,B_0 为截距,ε 为随机误差。

Stata 命令为 regress。

4. 二元 logit 模型分析

二元 logit 模型分析主要检验多个自变量对因变量的影响,要求因变量为二分类变量(0,1)。当本书分析农民工的捐赠行为时,使用这种分析方法。

$$E(Y) = B_0 + B_1 X_1 + B_2 X_2 + B_3 X_3 + \cdots + B_k X_k$$

公式中,Y 要求为二分类变量,X 为自变量,$B_1 - B_k$ 为影响系数,B_0 为截距。事件发生概率(P)的对数符合正态分布。

Stata 命令为 logit。

五、章节安排

本书内容包括7章,其中第三、第四、第五和第六章为核心章节。

第一章交代研究背景和研究意义,明确研究目标和研究内容,界定核心概念,说明所使用的数据来源与具体统计分析方法。

第二章对与本书研究主题相关的国内外主要研究成果进行述评,并在此基础上提出本书的分析框架。主要内容包括:系统梳理国外劳动力迁移的若干重要理论解释,国内农民工永久迁移意愿现状和影响因素的实证研究;提出超越社会结构决定与理性选择分析范式;倡导从结构与行动互动结果来探讨农民工永久迁移意愿;介绍嵌入性理论及其对研究农民工永久迁移的适用性,并建立分析框架。

第三章用数据呈现农民工永久迁移意愿和城市偏好的总体情况,揭示不同个人特征、家庭特征、迁移特征的农民工永久迁移意愿和城市定居偏好方面的差异,探讨来源地和户口所在地(本地/外地)对农民工永久迁移意愿的影响。

第四章探讨城市劳动力市场嵌入状况对农民工永久迁移意愿的影响,并对数据分析结果进行解释。

第五章探讨城市社区嵌入状况对农民工永久迁移意愿的影响,并对数据分析结果进行解释。

第六章探讨城市文化嵌入状况对农民工永久迁移意愿的影响,并对数据分析结果进行解释。

第七章对主要研究成果进行总结并着重介绍创新之处,基于数据分析结果对城镇化路径选择、户籍制度改革及其他城乡社会管理政策提出建议,最后指出本研究的局限与可改进方向。

第二章
文献回顾与研究框架

关于劳动力迁移,国外学术界已经形成了若干重要理论解释,20世纪80年代后随着"民工潮"的出现,国内农村劳动力流动这一研究领域逐渐兴起,并出现了不少实证研究文献。对于这些迁移理论和实证研究文献的回顾与梳理,不仅有助于认识和理解该研究领域的基本理论和研究进展,而且能够为本书的分析框架的形成奠定基础。

一、迁移的若干理论解释

美国著名人口学家马西(Massey)指出,人口迁移的理论分析大抵可以分为两类:一类是关于迁移动机的研究,一类是迁移过程和结果的研究。[①]根据研究视角的不同,人口迁移的理论又可以划分为劳动力迁移宏观理论(基于宏观社会结构因素或制度因素的分析)和劳

---

① Massey, D.S., Arango, J., Hugo, G., Kouaouci, A., Pellegrino, A., and Taylor, J.E., "Theories of International Migration: A Review and Appraisal," *Population and Development Review*, Vol.19, No.3(1993), p.431.

动力迁移微观理论（基于个体或家庭理性决策视角分析）。①根据这两种划分维度，本书总结了迄今为止劳动力迁移的主要研究框架和方法，如表2-1所示。

表2-1 劳动力迁移的主要理论分析框架

研究内容		研究视角	
		宏观视角	微观视角
研究内容	迁移动机	二元经济结构理论、推拉理论、劳动力市场分割理论、世界体系理论	新古典经济学：成本—收益理论、收入预期理论 新劳动力迁移经济学：相对剥夺理论、家庭决策理论
	迁移过程和结果	社会融合理论/社会同化理论、移民系统理论	移民网络理论、累积因果理论

（一）二元经济结构理论

著名发展经济学家W.A.刘易斯（W.A. Lewis）在1954年发表的《劳动力无限供给条件下的经济发展》一文中首次提出二元经济结构理论。他指出，发展中国家普遍存在着生产规模较小、生产效率较低、工资水平较低的传统农业生产部门和生产规模较大、生产效率较高、工资水平较高的现代工业生产部门，这一经济形态被他称为"二元经济结构"②。两个部门之间的收入差距导致农村剩余劳动力（隐蔽性失业）不断向城市和现代工业部门迁移，这一过程将持续到农业部门剩余劳动力全部转移到工业部门为止，这是经济发展的第一阶

---

① 孙战文：《农民工家庭迁移决策与迁移行为研究》，博士学位论文，山东农业大学，2013年，第22—32页。
② Lewis, W. A., "Economic Development with Unlimited Supplies of Labour," *The Manchester School*, Vol.22, No.2(1954), pp.139-191.

段,也是农村劳动力无限供给的阶段。当农业生产效率提高,逐步实现现代化之后,城市现代工业部门的继续扩张必须以更高的工资水平才能够吸引更多劳动力,城乡(农业部门和工业部门)统一的劳动力市场渐趋形成,二元经济变成一元经济[1]。

在二元经济发展阶段,农村剩余劳动力的转移表现为两个齐头并进的过程,农村剩余劳动力实现了从传统农业生产部门向现代工业生产部门的产业间转移,从农村地区向城市地区的地域间转移。

1961年,G.拉尼斯(G. Ranis)和费景汉(J.C.H. Fei)发表《经济发展的一种理论》一文,修正了刘易斯的"二元经济结构模型",从动态发展角度重新审视了农业和工业的均衡增长以及贯穿其中的劳动力的迁移[2]。该模型强调农业生产效率的重要性,在农业生产效率低于工业生产效率阶段,传统农业部门可以为现代工业部门提供源源不断的劳动力,但是迁移到城市的劳动力人口总量上升会引发粮食短缺问题,从而带动工资水平的提升。最后农村剩余劳动力全部转移,劳动和资本一样变得稀缺,传统农业部门变成现代商业化的农业。

但是上述两种理论模型无法解释20世纪60年代之后发展中国家在城市高失业率的情况下,农村劳动力向城市的迁移数量非但没有减少,反而持续增加的现象。美国经济学家M.P.托达罗(M.P. Todaro)对这种矛盾现象给出了自己的解释,他指出迁移的预期是理解这种矛盾现象的关键所在。因为农村劳动力向城市迁移不仅仅考

---

[1] Lewis, W.A., "Unlimited Labor: Further Notes," *The Manchester School*, Vol.1 (1958), pp.1-32.
[2] Fei, J.C.H. and Ranis, G., "A Theory of Economic Development," *The American Economic Review*, Vol.51(1961), pp.533-565.

虑到实际存在的城乡收入差距,还必须考虑到将来在城市就业的可能性。他们渴望在城市得到工作、收入和美好的生活。

(二) 推拉理论

推拉理论基于人口迁移的动机,研究城市对人口迁移的拉力和农村对人口迁移的推力作用。这一理论可以追溯到19世纪80年代E.G.雷文斯坦(E.G. Ravenstein)提出的人口迁移7条定律,自然气候、地理环境和生活条件虽然会引发人口迁移,但是经济因素才是主要动力[1]。系统的人口迁移的推拉理论是由美国人口学家D.J.博格(D.J. Bogie)提出,该理论的主要观点是,在充分自由的劳动力市场条件下,迁移行为的发生是由迁出地的推力和迁入地的拉力共同作用导致的结果[2]。拉力是指迁入地那些移民生活条件改善的因素,包括工作机会多、工资水平高、发展前景好、生活设施完善、教育和医疗卫生资源丰富等。推力是指迁出地对移民的生存和发展不利的种种排斥因素,包括土地稀缺、就业不足、战争、自然灾害、基本生活设施匮乏等[3]。E.S.李(E.S. Lee)、贝斯(Base)、索瓦尼(Sovani)、特里瓦萨(Trewartha)等在此基础上对推拉理论进行了修正和完善[4],其中影响最大的就是李。李指出,影响迁移的因素包括迁出地的推力和拉力,迁入地的推力和拉力,中间障碍(迁移距离、迁移成本、迁移政策/移民法等),以及迁移者的个性特征(年龄、性别、受教育程度、

---

[1] Ravenstein, E.G., "The Laws of Migration," *Journal of the Royal Statistical Society*, Vol.52, No.2(1889), pp.241-305.
[2] 傅义强:《当代西方国际移民理论研究述略》,《世界民族》2007年第3期,第44—45页。
[3] 李明欢:《20世纪西方国际移民理论》,《厦门大学学报》2000年第4期,第13页。
[4] 孙战文:《农民工家庭迁移决策与迁移行为研究》,博士学位论文,山东农业大学,2013年,第24页。

职业、与外界接触的方式、对迁移行为的判断)等①。显然,李的分析模型更符合迁移的复杂现实。

(三) 劳动力市场分割理论

该理论指出,现代资本主义的发展在城市造就了一个双重部门的劳动力市场,一种是正规部门的主要劳动力市场,也被称为初级劳动力市场、首要劳动力部门或高级劳动力市场,这类劳动力市场对员工的文化程度和技术水平要求比较高,但是也提供了更加稳定的工作、更高的工资水平、更好的福利待遇、更舒适的工作环境、更多的晋升机会等。另一种是非正规部门的次要劳动力市场,也被称为次级劳动力市场、次要劳动力部门或低级劳动力市场,这类劳动力市场提供的就业机会很少,与工作经验、技能和受教育水平挂钩,相应地也只能提供不稳定、低工资、少福利和恶劣环境的工作岗位。主要劳动力市场的工作岗位大多由发达地区的居民所占据,次要劳动力市场的工作岗位则由外地移民来填补。②所以,劳动力市场的这种内部二元结构构成了迁移的基本动力。

波特和巴赫(Ports & Bach)基于美国的墨西哥和古巴移民的实证研究系,检验了劳动力市场分割理论,发现劳动力市场分割理论准确预测了移民的职业变动轨迹,墨西哥移民在主要劳动力市场的回报远高于在次要劳动力市场的回报,而且次要劳动力市场的教育

---

① 史学斌、武辉、贾俊花:《人口城市化动力机制理论综述》,《西北人口》2006 年第 3 期,第 23—29 页。
② 赖德胜:《分割的劳动力市场理论评述》,《经济学动态》1996 年第 11 期,第 65—66 页;刘云旺:《中国劳动力市场分割:理论与实证研究》,硕士学位论文,西南财经大学,2004 年。

回报率更低。他们针对古巴移民的研究则发现了另外一个劳动力市场的存在,古巴移民受雇于古巴裔雇主,主要集聚在"移民飞地"从事满足移民社群需求的产业(移民企业)。于是,移民企业造就了一个独立于发达国家或地区的主要劳动力市场和次要劳动力市场的第三劳动力市场。这一研究拓展了劳动力市场分割理论,指出了劳动力市场存在三重分割,而不是二重分割。①移民的真实流动轨迹可能是首先进入第三劳动力市场,因为这里提供了他们迁入地的经济基础、社会关系网络和族群认同。

(四) 世界体系理论

该理论把国际迁移行为放到历史长时段中进行思考,指出国际迁移是市场经济全球化的产物。经济的全球化发展并不是平等的,北美、欧洲和日本的发达国家主导了这一进程,成为资本和市场在全球扩张过程中的核心国家,而一些发展中国家则在这一进程中逐步边缘化。一方面,边缘国家需要进行向市场经济体制的艰难转型;另一方面,劳动力和原料从边缘国家不断流动到核心国家。②边缘国家成为巨大的人力资源蓄水池,全球分工体系和全球劳动力市场形成。世界体系理论本质上是在讲述资本在全球的流动如何引发了劳动力的流动,而不合理的国际政治经济秩序又是如何形塑了这一流动进程。该理论还指出劳动力在世界范围内的流动是由数量相对较少的

---

① 赵敏:《国际人口迁移理论评述》,《上海社会科学院学术季刊》1997 年第 4 期,第 127—135 页。
② Massey, D.S., Arango, J., Hugo, G., Kouaouci, A., Pellegrino, A., and Taylor, J.E., "Theories of International Migration: A Review and Appraisal," *Population and Development Review*, Vol.19, No.3(1993), p.431; Wallerstein, I., *The Modern World-System: Capitalist Agriculture and the Origins of the European World-Economy in the Sixteenth Century*, New York: Academic Press, 1974.

国际性城市控制和协调的,它们是核心国家的核心城市。

(五) 新古典经济学

该理论流派主要从微观经济学的视角对迁移行为展开分析,假设个体是最小的迁移单位,指出迁移是个体的理性选择,是基于成本和收益(实际或预期)的理性计算。代表性的理论分析主张包括:

1. 托达罗的绝对收入差距迁移动机说

托达罗指出,城乡之间的绝对收入水平差距是农村劳动力向城市迁移的重要原因,如果个体能够在城市中获得较高的工资水平,或者预期将获得较高的工资水平,迁移作为个体的理性决策就会发生。①

2. R.伊斯特林(R. Easterlin)相对收入差距迁移动机说

伊斯特林指出迁移行为是否发生,不但取决于城乡绝对收入差距,还取决于迁移者本人对老家和迁入地的社会地位感知,即迁移是否改变了其在老家的相对社会经济地位和在迁入地的相对社会经济地位。相对经济地位的变化会对迁移,特别是后续迁移行为的发生产生重要影响。②

3. 人力资本投资理论

该理论由舒尔茨(Schultz)首先提出,后经斯加斯塔德(Sjaastad)修正并建立了数理分析模型。舒尔茨认为迁移其实是个体的人力资

---

① [美]迈克尔·P.托达罗:《经济发展与第三世界》,印金强、赵荣美等译,中国经济出版社1992年版,第243—245页。
② Macunovich, D.J., "A Conversation with Richard Easterlin," *Journal of Population Economics*, Vol.10(1997), pp.119-136; Stark, O. and Taylor, J.E., "Migration Incentives, Migration Types: The Role of Relative Deprivation," *The Economic Journal*, Vol.101, No.408(1991), pp.1163-1178.

本投资行为,教育、经验、培训和语言能力等总是驱动人们选择到机会最多的地方,并且只有当人力资本的收益大于成本时,迁移行为才能发生。迁移收益包括劳动力在迁入地获得的更好的就业、工资和工作条件。迁移成本包括直接成本和机会成本,直接成本包括流动成本、就业成本、生活成本和教育成本等,机会成本①则包括选择迁移而可能损失的其他领域的工作收入等。②斯加斯塔德把迁移收益分为货币收益和非货币收益③,把迁移成本分为货币成本和非货币成本④,并且把未来利率引入迁移成本收益数学模型,提高了这一理论的解释力。

(六)新劳动力迁移经济学

与新古典经济学对移民的分析不同,新劳动力迁移经济学指出家庭应该成为迁移过程的分析单位,某一个或几个家庭成员的迁移往往是家庭为了规避在生产、收入方面的风险,或为了获得资本等稀缺资源而做出的决策。迁移是家庭通过合理化劳动力资源配置从而实现家庭收益最大化的过程。⑤这一理论主张很好地解释了发展中国家的国际性移民状况,这些落后国家或地区的贫困家庭常常有意识地通过迁移来合理配置家庭劳动力的分布。此外,新劳动力迁移

---

① 在经济学上,机会成本是指以同样的资源做另外一件事情可能获得的利益与好处,或做出一种选择而必须放弃另一种选择的代价。
② 杜书云:《农村劳动力转移就业成本～收益问题研究》,博士学位论文,郑州大学,2006年。
③ 货币收益主要是指迁移后获得更高的工资性收入,非货币收益是指迁移后获得更好的生活、稳定的职业和城市生活满意度等。
④ 货币成本主要是指流动成本、农村资产的遗弃、城市务工相关的教育和培训支出,非货币成本是指城市生活方式和文化的不适感。
⑤ [美]范芝芬:《流动中国:迁移、国家和家庭》,邱幼云、黄河译,社会科学文献出版社2013年版,第9—10页。

经济学还特别重视移民迁出地的家庭和国外的移民之间的关联,国际迁移所能获得的高工资增加了迁出地家庭的消费和农业生产性投资,提高了迁出地家庭控制生产风险和增加资本来源的能力。[1]此外,国际迁移也产生了重要的非经济后果,提高了迁出地家庭的相对社会经济地位,使其摆脱了在原来社区中社会地位相对低下的局面。如此,迁移行为在迁出地产生了示范效应,家庭收入越是处于迁出地社会底层,越容易发生家庭成员的迁移行为。[2]

(七) 社会融合理论

移民的社会融合是指具有各种不同文化背景、使用不同语言的移民与迁入地社会结合,并且成为全面参与该社会政治、经济、文化生活的完全的成员。成功的移民融合一方面需要移民个人调整自身,参与当地社会各种活动;另一方面需要迁入地社会敞开胸怀接纳并认可新移民,给移民提供各种平等的机会。[3]该理论流派内部也有分歧,以"社会同化论"和"文化多元论"为代表:前者主张迁移过程中移民最终褪去自己的"异性",被迁入地主流社会接纳为"自己人";后者则主张移民在迁移过程中始终保持自己的个人特质和文化意识。[4]总之,在社会融合理论看来,移民个人的性格、原居住地的社会背景与新环境因素交织作用,共同形塑了整个迁移过程。

---

[1] Stark, O. and Bloom, D. E., "The New Economics of Labor Migration," *The American Economic Review*, Vol.75, No.2(1985), pp.173-178.

[2] 赵敏:《国际人口迁移理论评述》,《上海社会科学院学术季刊》1997 年第 4 期,第 129—130 页。

[3] 朱红:《转换·融合——中国技术移民在加拿大》,社会科学文献出版社 2008 年版,第 42—43 页。

[4] Goodall, B., *The Facts on File Dictionary of Human Geography*, Oxford: Facts on File Publications, 1987, p.239.

(八) 移民系统理论

该理论指出,一个或一组核心的移民输出国和移民输入国构成了移民系统,输出国和输入国之间形成了紧密而稳定的联结。移民系统存在宏观和微观双重结构,世界经济与政治发展状况、国际关系、移民政策和移民法等对国际移民具有重要影响。微观结构主要是指移民链(migration chain)的建立,移民链提供了迁移过程中所需要的各种信息,帮助移民尽快适应迁入地的工作和生活,一旦建立就会使得移民行为持续不断。家庭和社区在移民链中扮演了核心角色。[1]总之,迁移是宏观结构和微观结构因素共同作用的结果。

(九) 移民网络理论

移民网络是迁移者、早先移民和迁出地的家人、朋友,与迁入地移民基于血缘、姻缘、地缘关系等所结成的关系纽带,作为社会资本,这一社会关系网络能够降低迁移成本和风险,增加迁移收益,从而促进迁移行为的发生。移民网络对迁移的影响的主要表现是迁入地的族群聚居,即具有同样文化背景和生活方式的移民共同居住和生活在一起。该理论对以往的突破不仅在于从非经济因素探讨迁移行为和迁移过程,而且不同于个人决策的微观层面分析和社会结构的宏观层面分析,是一种关系结构的中观层面分析。[2]

---

[1] 位秀平、杨磊:《国际移民理论综述》,《黑河学刊》2014年第1期,第4页。
[2] [西]华金·阿郎戈:《移民研究的评析》,黄为葳译,《国际社会科学杂志》2001年第3期,第42—43页。

(十) 累积因果理论

该理论指出,迁移过程具有自我维持和再生产的特征,包括三个机制:迁移者在迁移过程中会不断调整自己的迁移动机和预期,从而持续迁移;迁移改变了迁出地家庭的相对社会经济地位,从而带动更多迁移行为;迁移所形成的跨国文化[①]形成示范效应,对推动国际迁移的作用十分明显[②]。

以上几种主要的关于迁移的理论解释丰富了我们对迁移动机、迁移过程和结果的认识,并且对国内农民工流动研究具有一定的借鉴作用,比如新古典经济学的成本—收益理论、预期收益模型,新劳动力迁移经济学的家庭迁移决策、相对社会地位变动,以及劳动力市场分割理论等。但是,我们也发现,微观层面的理性选择分析与宏观层面的结构/制度分析似乎有脱离的嫌疑,最简单的事实是,同样的社会结构/制度设置对不同的个体的影响具有差异,于是我们需要一种将二者相结合的中观层面的理论分析框架。

二、农民工永久迁移意愿的实证研究

中国户籍制度的松动引发的人口在城乡之间的大规模流动特别是农民工的迁移,迅速成为学术界的研究热点,产生了数量庞大的实

[①] 比如移民表现出的生活方式、毅力和智慧等精神状态。
[②] Massey, D.S., Alarcón, R., Durand J., and González, H., *Return to Aztlan: The Social Process of International Migration from Western Mexico*, Berkeley: University of California Press, 1987.

证研究作品。我们细致梳理了这些研究后发现,有关农民工永久迁移意愿的研究主要集中在以下几方面。

(一) 对农民工永久迁移意愿现状的评判

对农民工永久迁移意愿的评判着力解决三个问题:其一,农民工永久迁移意愿是否强烈,即究竟有多少比例的农民工愿意永久在城市定居。其二,农民工群体中的"谁"更愿意选择永久迁移。其三,那些倾向于永久迁移的农民工表现出何种城市定居偏好。

1. 农民工永久迁移意愿是否强烈

就农民工永久迁移意愿的强弱程度而言,不同的研究给出了不同的答案。有些研究认为,农民工的家乡认同正在减弱,对外部社会有着强烈的向往和留恋,已经养成了城市生活方式,表现出强烈的永久迁移意愿。国家统计局 2006 年全国调查数据统计分析结果显示,55.14%的农民工期望未来在城市工作和安居[1]。熊波和石人炳基于武汉市 517 个农民工调查数据分析发现,63%的农民工愿意定居在城市[2]。曾旭晖和秦伟基于成都市 663 个农民工调查数据分析指出,56%的农民工选择留在城市并作为城市居民[3]。和丕禅和郭金丰基于江西省 255 个农户的调研发现,接近一半的农民工具有永久迁移的倾向[4]。孟传慧等对 193 个农民工的研究揭示,49%的农民工想留

---

[1] 国家统计局服务业调查中心:《农民工生活质量调查之三:对城市生活的评价和希望》,2006 年 10 月 24 日。
[2] 熊波、石人炳:《农民工定居城市意愿影响因素——基于武汉市的实证分析》,《南方人口》2007 年第 2 期,第 53 页。
[3] 曾旭晖、秦伟:《在城农民工留城倾向影响因素分析》,《人口与经济》2003 年第 3 期,第 51 页。
[4] 和丕禅、郭金丰:《制度约束下的农民工移民倾向探析》,《中国农村经济》2004 年第 10 期,第 66 页。

在城市成为其中一员[1]。王毅杰和倪云鸽的调查显示,56.3%的农民工表示愿意居留城市,9.3%表示拿不定主意[2]。另外一些研究指出,虽然农民工长期在城市打工和生活,但是仍然留恋故土,期待落叶归根,倾向于返乡定居。叶鹏飞基于全国7个省区的调查数据发现,不少农民工进城务工目的非常简单明了,并没有清晰的定居城市的意愿和准备,明确表示想定居城市的农民工占比为41.7%,35.4%回答"说不准",处于一种模棱两可的不确定状态[3]。侯红娅等在全国25个省份完成的1 182份问卷调查显示,只有45.99%的农村流动人口愿意"放弃土地和农业劳动,进入城市居住并从事非农工作"[4]。朱宇基于福州、泉州、厦门、漳州等地的调查数据研究发现,愿意全家迁移城市的流动人口只占被调查者的24%[5]。蔡玲和徐楚桥基于武汉市1 087个农民工的调查数据分析指出,绝大多数农民工期望留在城市工作但年老之后回到农村生活,只有18.57%表示愿意继续定居城市[6]。蔡禾和王进在关于农民工永久迁移意愿的研究中引述的数据则从全国层面估量了农民工的永久迁移意愿,只有25%约3 000万的农民工愿意将户口迁移到城市[7]。张翼基于全国城市样本数据发

---

[1] 孟传慧、田奇恒、王绪朗:《进城农民个体劳动者去与留的实证研究——对武汉市进城农民留城态度的调查》,《中国地质大学学报》2005年第4期,第46页。
[2] 王毅杰、倪云鸽:《成都市在城农民现状调查与分析》,《四川大学学报(哲学社会科学版)》2001年第5期,第42—49页。
[3] 叶鹏飞:《农民工的城市定居意愿研究——基于七省(区)调查数据的实证分析》,《社会》2011年第2期,第153—169页。
[4] 侯红娅、杨晶、李子奈:《中国农村劳动力迁移意愿实证分析》,《经济问题》2004年第7期,第52页。
[5] 朱宇:《国外对非永久性迁移的研究及其对我国流动人口问题的启示》,《人口研究》2004年第3期,第57页。
[6] 蔡玲、徐楚桥:《农民工留城意愿影响因素分析——基于武汉市的实证调查》,《中国农业大学学报》2009年第1期,第43页。
[7] 蔡禾、王进:《"农民工"永久迁移意愿研究》,《社会学研究》2007年第6期,第111页。

现,仅有24.66%的"80后"农民工希望将户口迁入城市①。黄乾基于上海、天津、广州等五城市的调查数据分析表明,26.1%的农民工倾向于永久迁移②。马九杰、孟凡友估计,1990年以来,每年进城打工的农村劳动力,只有1 000万—1 500万人口(即约20%)选择长久居住在城市或居家迁入城市而成为定居性迁移者③。

我们认为,两个因素共同导致上述对农民工永久迁移意愿现状的不同判断。首先,样本大小和范围不同,上述研究结论有的基于全国层面调查数据的大样本,有的基于某一省市的小样本,加上抽样方法不尽相同,得出结论存在差异也就不难理解。其次,更重要的原因在于对"永久迁移意愿"的测量不同。曾旭晖、秦伟通过"如果可以自由地留在城市并作为城市居民,也可自由地回到农村,你更愿意做哪种选择"测量农民工的永久迁移意愿④。孟传慧等通过"我想留在城市成为其中一员"来测量农民工的永久迁移意愿⑤,柯兰君、李汉林与和丕禅、郭金丰通过"您打算到城里再干多久"来测量农民工的永久迁移意愿,"如果有可能就一直干下去"被视为永久性迁移和强烈的城市定居意愿⑥。王毅杰直接通过"我会留在城市的"来测量农民

---

① 张翼:《农民工"进城落户"意愿与中国近期城镇化道路的选择》,《中国人口科学》2011年第2期,第17—18页。
② 黄乾:《农民工定居城市意愿的影响因素——基于五城市调查的实证分析》,《山西财经大学学报》2008年第4期,第23页。
③ 马九杰、孟凡友:《农民工迁移非持久性的影响因素分析:基于深圳市的实证研究》,《改革》2003年第4期,第77—86页。
④ 曾旭晖、秦伟:《在城农民工留城倾向影响因素分析》,《人口与经济》2003年第3期,第51页。
⑤ 孟传慧、田奇恒、王绪朗:《进城农民个体劳动者去与留的实证研究——对武汉市进城农民留城态度的调查》,《中国地质大学学报》2005年第4期,第46页。
⑥ 柯兰君、李汉林主编:《都市里的村民——中国大城市的流动人口》,中央编译出版社2001年版;和丕禅、郭金丰:《制度约束下的农民工移民倾向探析》,《中国农村经济》2004年第10期,第66页。

工的永久迁移意愿[1]。蔡禾、王进结合中国情境,特别强调土地和户籍,通过"是否愿意放弃土地"和"是否愿意将户口迁入城市"来测量农民工的永久迁移意愿[2]。杨华则通过"是否愿意将户口迁入城市"来测量农民工的永久迁移城市意愿[3]。显然,如果测量仅偏重于主观愿望,就会对农民工永久迁移意愿的估计更为乐观。如果问题同时包含对意愿和可行性的测量,则会得出低于前者的比例。

2."谁"更愿意永久迁移城市

"谁"更愿意永久迁移城市,旨在回答农民工群体永久迁移意愿的内部差异问题,在实证研究中主要表现为人口特征与永久迁移意愿的相关性估计,即不同性别、年龄、文化程度、婚姻家庭状况、职业状况等个体特征因素对农民工永久迁移意愿的影响。

已有研究对不同文化程度、婚姻家庭状况、职业状况的农民工的永久迁移意愿差异情况形成了较为一致的结论。农民工文化程度越高,对新生事物的接受能力越强,对城市生活适应性越好,可以选择的机会越多,就业能力越强,城市生活预期越高,则会表现出更强的永久迁移城市意愿[4]。与已婚者相比,未婚者迁移成本低,考虑的家庭因素少,所以表现出更强的留城定居倾向。对已婚者而言,与家庭成员共同居住会增加其永久迁移意愿,比如配偶在同一城市工作,子女在同一城市就学[5]。

---

[1] 王毅杰:《流动农民留城定居意愿影响因素分析》,《江苏社会科学》2005年第5期,第27页。
[2] 蔡禾、王进:《"农民工"永久迁移意愿研究》,《社会学研究》2007年第6期,第93页。
[3] 杨华:《外来农民工城市定居意愿及其影响因素研究》,硕士学位论文,苏州大学,2008年,第13页。
[4] 任远:《谁在城市中逐步沉淀了下来?——对城市流动人口个人特征及居留模式的分析》,《吉林大学社会科学学报》2008年第4期,第113页。
[5] 蔡玲、徐楚桥:《农民工留城意愿影响因素分析——基于武汉市的实证调查》,《中国农业大学学报》2009年第1期,第45页。

农民工在城市的职业地位越高,职业稳定性越强,收入水平越高,其永久迁移意愿更强①。

已有研究对不同性别和年龄的农民工的永久迁移意愿差异状况并未形成一致结论。有研究指出男性在城市继续居留的期望概率高于女性,并具有统计显著性②。但是另外一些研究指出,女性选择定居城市的比例高出男性 10 个百分点③。也有研究指出,性别对农民工留城定居意愿的影响不大④。年龄的影响更为复杂,近些年专门针对新生代农民工留城定居意愿的研究即是明证。很多研究指出,年轻人和二代移民的留城定居意愿更高⑤。有些研究对年龄做了更加精细的分组,指出年龄与永久迁移意愿并非呈线性相关。林家琦的研究揭示,年龄对农民工的留城意愿的影响呈 U 形,16—25 岁年龄组的农民工城市定居性迁移的倾向较明显,26—45 岁年龄组的农民工定居城市的倾向减弱,年龄在 45 岁以上的农民工定居城市的倾向反而又较为明显⑥。与之相反,杨华的硕士论文验证了年龄的倒

---

① 邓国利:《就业稳定性对农民工城市定居意愿的影响——基于七城市调查的实证分析》,硕士学位论文,华东理工大学,2014 年,第 43 页;赵艳枝:《外来人口的居留意愿与合理流动——以北京市顺义区外来人口为例》,《南京人口管理干部学院学报》2006 年第 4 期,第 19 页。
② 任远、戴星翼:《外来人口长期居留倾向的 Logit 模型分析》,《南方人口》2003 年第 4 期,第 41 页。
③ 吴兴陆、亓名杰:《农民工迁移决策的社会文化影响因素探析》,《中国农村经济》2005 年第 1 期,第 32 页。
④ 刘振东、李丽:《上海流动人口的城市定居意愿及影响因素》,《规划师》2015 年第 31 期,第 294 页;杨华:《外来农民工城市定居意愿及其影响因素研究》,硕士学位论文,苏州大学,2008 年,第 41 页。
⑤ 吴兴陆、亓名杰:《农民工迁移决策的社会文化影响因素探析》,《中国农村经济》2005 年第 1 期,第 31—32 页;任远:《谁在城市中逐步沉淀了下来?——对城市流动人口个人特征及居留模式的分析》,《吉林大学社会科学学报》2008 年第 4 期,第 114 页。
⑥ 林家琦:《农民工城市生活现状与留城意愿研究——以浙江省为例》,硕士学位论文,浙江大学,2007 年,第 73 页。

U形影响,指出45周岁之前定居意愿随着年龄的增长而逐渐增强,45周岁之后则呈下降趋势[1]。

3. 农民工城市定居偏好:大城市还是中小城市

大多数研究集中在农民工是否愿意永久迁移城市,而并没有深入分析其城市定居偏好。但还是有一些研究尝试解答如果农民工选择在城市定居,那么他们是会偏向于选择大城市,还是中小城市的问题。

黄振华和万丹的研究指出,县(县级市)成为农民进城定居的首选,其比重远远高于建制乡(镇)、地级市、省会城市以及直辖市[2]。聂伟和王小璐的研究表明,小城镇、县城(县级市)是农民城镇定居的首选层级[3]。肖艳平的研究指出,在选择留城定居的人群中,选择在中等城市定居的人数最多,占比为37.78%,排在第二位的是大城市,占比为31.67%,排在第三位的是小城市(镇),占比为24%[4]。黄庆玲和张广胜基于辽宁省不同层级务工城市的实地调研数据发现,新生代农民工倾向于在中小城市定居,房价较低、距离家乡较近成为其选择中小城市的重要影响因素[5]。孙中伟的研究揭示,与中小城市相比,大城市往往拥有更多经济、教育、文化、医疗资源,尽管中小城市物价与房价更便宜,但为了获得更多公共资源,农民工在考察定居

---

[1] 杨华:《外来农民工城市定居意愿及其影响因素研究》,硕士学位论文,苏州大学,2008年,第41页。

[2] 黄振华、万丹:《农民工的城镇定居意愿及其特征分析——基于全国30个省267个村4 980位农民的调查》,《经济学家》2013年第11期,第92页。

[3] 聂伟、王小璐:《人力资本、家庭禀赋与农民的城镇定居意愿——基于CGSS 2010数据库资料分析》,《南京农业大学学报》2014年第5期,第60页。

[4] 肖艳平:《我国城市流动人口定居意愿及影响因素实证分析——基于全国流动人口大样本问卷调查》,硕士学位论文,浙江大学,2012年,第48页。

[5] 黄庆玲、张广胜:《新生代农民工中小城市定居意愿探析——基于辽宁5市县的调查》,《调研世界》2013年第7期,第32页。

地时,依然倾向选择大城市而非中小城市[①]。蔡禾和王进的数据分析结果表明,农民工可能对城市生活十分向往,对城市居民身份非常渴求,但并非"饥不择食",在户籍迁移意愿上表现出大城市偏好[②]。

(二) 农民工永久迁移意愿的影响因素分析

国内关于农民工迁移和留城定居意愿的影响因素的研究主要以借鉴国外理论和模型为主,从宏观和微观两个层面展开。宏观层面的研究主要关注结构性、制度性因素的制约作用,指出宏观的社会关系和结构才是解释农民工永久迁移的关键所在。这些研究主要从城乡差异、土地制度、户籍制度、迁移政策、就业制度、社会保障制度、城市住房政策、劳动力市场分割、文化与生活方式差异等角度出发,寻找农民工选择留城定居还是返乡定居的原因,其中尤以对户籍制度的讨论最为激烈。微观层面的研究主要把农民工视为理性的行动主体,指出农民工永久迁移意愿与其个体特征、家庭特征、资源禀赋、市场信息的了解程度等密切相关,留城与否是农民工综合权衡之后的理性选择。我们从这两个视角对以往相关研究文献做了分类整理。

1. 农民工永久迁移意愿的宏观影响因素研究

这类研究主要把农民工或流动人口的永久迁移意愿放在中国特殊的社会经济结构之下加以考量,包括制度和政策因素、经济因素与社会和文化因素。

第一,制度和政策因素。

户籍制度以及附着其上的劳动力市场分割、就业制度、社会保障

[①] 孙中伟:《农民工大城市定居偏好与新型城镇化的推进路径研究》,《人口研究》2015年第5期,第82页。
[②] 蔡禾、王进:《"农民工"永久迁移意愿研究》,《社会学研究》2007年第6期,第110页。

制度、城市住房政策等对留城定居意愿的影响得到了最广泛的讨论,并且户籍一向被认为是阻碍外来人口在城市定居的重要因素[1]。蔡昉等从制度的视角指出,独特的制度安排会使迁移过程变得更加复杂,土地制度安排和城乡分割的户籍制度是中国农民工迁移"两阶段"特征的主要原因。土地使用权均等化以及土地交易障碍使得农民工可以进入第二、第三产业就业,但是无法彻底脱离农村。土地作为托底保障和抵御风险的功能越来越明显,而户籍制度导致的劳动力市场分割及与城市福利体制的排斥,进一步阻碍了农民工选择城市长期定居,表现为"钟摆式"流动模式[2]。蔡禾和王进的研究显示,制度合法性压力是影响农民工迁移户口,选择制度性永久迁移的主要因素[3]。熊彩云以武汉市的调查为依据,对影响我国农民工城市定居的拉力和推力因素进行了实证分析,发现以户籍制度为核心的系列制度是农民工城市定居的主要阻力[4]。黄锟的研究揭示,城乡二元制度对农民工市民化的意愿、能力和进程都有明显的阻碍作用[5]。李强的研究指出,户籍是影响中国城乡流动的最突出的制度障碍,它不仅对推拉发生一般的影响,而且扭曲了农民工的城市生活目标和预期,从而使推拉失去效力。这主要表现为即使面对城市强

---

[1] Fan, C.C., "Settlement Intention and Split Households: Findings from a Survey of Migrants in Beijing's Urban Villages," *The China Review*, Vol.11, No.2(2011), pp.11-42.
[2] 蔡昉等:《劳动力流动的政治经济学》,上海人民出版社2003年版,第184—186页。
[3] 蔡禾、王进:《"农民工"永久迁移意愿研究》,《社会学研究》2007年第6期,第86—113页。
[4] 熊彩云:《农民工城市定居转移决策因素的推—拉模型及实证分析》,《农业经济问题》2007年第3期。
[5] 黄锟:《城乡二元制度对农民工市民化影响的实证分析》,《中国人口·资源与环境》2011年第3期,第76—81页。

大的推力,年轻农民工依然坚持留在城市;即使面对城市强大的拉力,年纪大的农民工也会返乡[1]。林家琦的研究指出,制度性障碍依然是阻碍农民工留城定居的主要外部因素。农民工无法在城市享有与本地居民同等的就业机会和社会公共福利,处于社会保障体系之外,特别是子女就学问题无法解决,最终不得不返回老家[2]。吕晓兰和姚先国的研究指出,养老医疗等社会事业的发展水平是影响农民工整体是否留在城市的重要因素[3]。刘振东和李丽的研究发现,拥有"暂住证/居住证"和"上海社保"明显增强了流动人口定居上海的意愿[4]。熊易寒指出,户籍制度及其附属的相关福利制度、农村土地承包制度等制度因素对农民工的留城意愿具有重要决定作用[5]。程名望、史清华和徐剑侠指出,农民工在户口、子女入学、就业机会等方面遭遇的歧视,以及城镇医疗、失业保险等社会保障的缺位等,限制了其迁入城市[6]。陆铭、陈钊的研究证明,二元经济社会体制下,公共产品供给的城乡不均衡是农民工迁移到城市的重要原因[7]。蔡昉、都阳和王美艳指出,基于户籍制度的就业歧视等政策安排,固化

---

[1] 李强:《影响中国城乡流动人口的推力与拉力因素分析》,《中国社会科学》2003年第1期,第132页。
[2] 林家琦:《农民工城市生活现状与留城意愿研究——以浙江省为例》,硕士学位论文,浙江大学,2007年,第80页。
[3] 吕晓兰、姚先国:《农民工代际差异再研究——基于工资决定和留城意愿的视角》,《经济与管理研究》2014年第9期,第40页。
[4] 刘振东、李丽:《上海流动人口的城市定居意愿及其影响因素》,《规划师》2015年第31期,第289—294页。
[5] 熊易寒:《整体性治理与农民工子女的社会融入》,《中国行政管理》2012年第5期,第79—80页。
[6] 程名望、史清华、徐剑侠:《中国农村劳动力转移动因与障碍的一种解释》,《经济研究》2006年第4期,第77页。
[7] 陆铭、陈钊:《城市化、城市倾向的经济政策与城乡收入差距》,《经济研究》2004年第6期,第57页。

了城乡劳动力市场分割及在此基础上的农民工和本地居民之间的工资差异,从而限制劳动力迁移[1]。

但是也有研究指出,户籍对留城定居意愿的影响正在逐步弱化,市场性因素和农民工自身因素凸显[2]。朱宇基于福建省样本的研究显示,即使没有户籍制度这一障碍,流动人口中的大部分还没有把定居城市作为其生活目标,市场需求波动和企业用工策略、生存能力和家庭策略等一系列非户籍因素构成其留城定居意愿的重要影响因素[3]。叶鹏飞基于全国7个省区的调查数据分析表明,收入、工作和生活环境等市场性因素成为农民工定居城市的首要障碍,户籍制度的约束在农民工的认知中已被弱化[4]。但是叶鹏飞也雄辩地指出,制度因素和市场因素交互作用,使得农民工只能从事低层次体力劳动,获取低水平工资[5]。雷超超的研究也支持这一判断,并提出制度因素直接制约和影响劳动力转移市场机制发挥作用[6]。

弗兰克·凡·图伯根(Frank van Tubergen)等通过对1980年到2001年18个西方国家的外来移民的劳动力市场参与情况的分析,探讨了外来移民的经济融入,发现移民流入国家的移民政策、左翼政党

---

[1] 蔡昉、都阳、王美艳:《户籍制度与劳动力市场保护》,《经济研究》2001年第12期,第43—45页。
[2] Zhu, Y. and Chen, W., "The Settlement Intention of China's Floating Population in the Cities: Recent Changes and Multifaceted Individual-Level Determinants," *Population, Space and Place*, Vol.16, No.4(2010), pp.253-267.
[3] 朱宇:《户籍制度改革与流动人口在流入地的居留意愿及其制约机制》,《南方人口》2004年第3期,第26页。
[4] 叶鹏飞:《农民工的城市定居意愿研究——基于七省(区)调查数据的实证分析》,《社会》2011年第2期,第167页。
[5] 叶鹏飞:《农民工的城市定居意愿研究——基于七省(区)调查数据的实证分析》,《社会》2011年第2期,第168页。
[6] 雷超:《中国农业劳动力转移的动因及机理研究(1978—2011)》,博士学位论文,华南理工大学,2013年。

执政等会对移民的经济融入产生重要影响①。考虑到中国的经济和社会发展在一种分权性的体制安排下主要由地方政府推动②,中国现在的社会保障和公共服务供给主要由地方政府承担,并且,由于不同省份的经济发展模式不同,产业结构不同,外来人口管理和服务的价值取向与实际政策不同,迁入地城市的迁移政策定会影响到农民工的永久迁移意愿。这一推断得到实证研究的支撑。索林格(Solinger)的研究指出,地方政府对待迁移的限制政策也是农民工不能够顺利实现城市化的重要原因③。马瑞、章辉、张森和徐志刚基于四川省农村外出就业人员的实证分析发现,迁入地城市如果有鼓励外来人口留城定居政策,则会促进农村进城就业人员的永久迁移意愿概率提高。他们的估算结果是,如果迁入地城市有鼓励移民政策,农民工愿意迁移的概率就会提高20%—33%④。

第二,经济因素。

经济学视角的研究主要关注城乡收入差距、就业机会、职业稳定性、生活成本等对农民工永久性迁移意愿和行为的影响。

陈吉元认为城市收入高和农村失业率高分别形成同方向的拉力和推力,促使农民进城⑤。宁越敏基于上海流动人口的调查数据分

---

① Van Tubergen, F., Maas, I., and Flap, H., "The Economic Incorporation of Immigrants in 18 Western Societies: Origin, Destination, and Community Effects," *American Sociological Review*, Vol.69, No.5(2004), pp.704-727.
② 郝大海、李路路:《区域差异改革中的国家垄断与收入不平等——基于2003年全国综合社会调查资料》,《中国社会科学》2006年第2期,第110—124页。
③ Solinger, D.J., "Citizenship Issues in China's Internal Migration: Comparisons with Germany and Japan," *Political Science Quarterly*, Vol.114, No.3(1999), pp.455-478.
④ 马瑞、章辉、张森、徐志刚:《农村进城就业人员永久迁移留城意愿及社会保障需求——基于四省农村外出就业人口的实证分析》,《农业技术经济》2011年第7期,第59页。
⑤ 陈吉元:《中国农业劳动力转移》,人民出版社1993年版。

析显示,上海经济发展对劳动力的需求以及城乡差异是农村人口迁居城市的巨大推力①。辜胜阻和简新华认为中国农村以土地均分为基础的家庭联产承包责任制导致中国人口迁移仍然是拉力占据主导地位②。朱农的研究证实,城乡GDP等宏观经济因素对劳动力迁移具有重要影响。城乡GDP的差距越大,劳动力迁移的意愿越强烈③。周建华和周倩利用长沙市2012年农民工田野调查数据分析了农民工城市定居意愿现状及其差异,发现高房价拉高了农民工生活成本,削弱了其留城定居意愿,改变了农民工大城市偏好④。谢宝富、李阳和肖丽的研究发现,在高房价、高房租背景下,一线城市城乡接合部流动人口定居意愿薄弱⑤。蒯旭光基于江苏中部和北部城市的调查数据发现,产业结构变化是影响农民工留城定居意愿的重要因素。与苏中相比,苏北农村二元经济特征明显,产业结构有待进一步提升,生活所迫或较高的预期收入是影响农民工迁移进程的重要动因⑥。李实认为农业资源禀赋匮乏和农业收入低下是影响农村劳动力迁居城市的重要动机⑦。蔡昉指出,收入较低的农户最有可能迁移,且农村社区相对社会地位较低促使农民进城务工⑧。崔传义

---

① 宁越敏:《90年代上海流动人口分析》,《人口与经济》1997年第2期,第50页。
② 辜胜阻、简新华主编:《当代中国人口流动与城镇化:跨世纪的社会经济工程》,武汉大学出版社1994年版。
③ 朱农:《论收入差距对中国乡城迁移决策的影响》,《人口与经济》2002年第5期,第13—14页。
④ 周建华、周倩:《高房价背景下农民工留城定居意愿及其政策含义》,《经济体制改革》2014年第1期,第78—79页。
⑤ 谢宝富、李阳、肖丽:《广义居住因素对流动人口定居意愿的影响因素分析——以京、沪、穗城乡接合部流动人口为例》,《中南大学学报》2015年第1期,第159页。
⑥ 蒯旭光:《不同经济发展水平地区农民外出就业影响因素比较研究——基于苏中、苏北的实证分析》,《南京农业大学学报》2007年第4期,第55页。
⑦ 李实:《中国经济转轨中的劳动力流动模型》,《经济研究》1997年第1期,第23—24页。
⑧ 蔡昉:《劳动力迁移和流动的经济学分析》,《中国经济学》1996年第2期,第1—6页。

的研究指出,东南沿海地区的产业结构升级和转移将使得更多农民工返回中西部地区,选择就近城市定居①。

第三,社会和文化因素。

对农民工永久迁移影响因素的分析,不仅要从经济角度进行,更应从社会、文化、心理角度进行,因为农民工留城定居不仅仅是物理空间转变,本质上是市民化的过程,涉及生活方式、价值观念和社会心理等方面的转变和适应②。文军也认为,城市和农村代表了两种不同的文化类型,而城市化不仅关乎物质、技术和制度的变化,其核心和根本更在于农村文化类型中的"农民"角色向城市文化类型中的"市民"角色的转变③,否则农民工无法实现城市安居。吴兴陆、亓名杰指出,农村的文化习俗、价值观念和社会关系网络对农民工持续发生影响,使他们难以真正融入城市生活,这些都会影响到农民工的留城定居意愿④。杰华实地观察都市里的农家女后发现,城市文明相对于农村文明的优越性和对城市生活的追求是其流动的重要原因⑤。特别是对青年一代农民工来说,其迁移意愿和行为并非为生计所迫,而是为了体验城市文明、寻求发展。城市文明"优越"于农村文明成为整个社会共享的意识形态,并且通过各种制度和政策"客观化"。移民文化理论强调迁移活动必然与社会文化有

---

① 崔传义:《进入21世纪的农民工返乡创业》,《经济研究参考》2008年第31期,第40页。
② 吴兴陆:《农民工定居性迁移决策的影响因素实证研究》,《人口与经济》2005年第1期,第5—6页。
③ 文军:《农民市民化:从农民到市民的角色转型》,《华东师范大学学报》2004年第3期,第59页。
④ 吴兴陆、亓名杰:《农民工迁移决策的社会文化影响因素探析》,《中国农村经济》2005年第1期,第32页。
⑤ [澳]杰华:《都市里的农家女——性别、流动与社会变迁》,吴小英译,江苏人民出版社2006年版。

各种联系,文化转换、认同感、适应感等都对移民迁移的全过程有着影响。

2. 农民工永久迁移意愿的微观影响因素研究

这类研究把农民工视为理性行动者,不管这种理性是生存理性、经济理性还是社会理性[1],都是为了"最大限度获取效益"[2]。这一分析视角从农民工个体出发,衡量迁移定居城市的成本和收益,主要探讨个体人力资本、社会资本、城市体验对农民工留城定居意愿的影响。后来在新劳动力迁移经济理论指导下,这类研究开始重视家庭这一微观决策单位的重要影响,在研究方法上,也主要通过问卷调查和搜集个体层面的资料进行定量分析。

人力资本假设指出,人力资本水平高的农民工的永久迁移意愿更强,因为人力资本水平越高,农民工就越可能到城市寻求发展机会,越有能力获得较高的收入、体面的职业,城市生活方式的适应能力也越强。这些优势会提升他们对城市生活的满意度和幸福感,并且具有居留城市的物质基础条件。如前所述,年龄较小、文化程度和收入水平较高的农民工更倾向于永久性迁移[3]。聂伟和王小璐指出非农经历和语言能力水平作为人力资本水平的具体测量指标,也能够很好地预测农民工的留城定居意愿[4]。除了文化程度、技能外,迁

---

[1] 文军:《从生存理性到社会理性选择:当代中国农民外出就业动因的社会学分析》,《社会学研究》2001年第6期,第27—29页。
[2] Coleman, J.S., *Foundation of Social Theory*, Cambridge: Belknap Press of Harvard University Press, 1990, p.15.
[3] 蔡禾、王进:《"农民工"永久迁移意愿研究》,《社会学研究》2007年第6期,第104页;朱宇:《户籍制度改革与流动人口在流入地的居留意愿及其制约机制》,《南方人口》2004年第3期,第24页。
[4] 聂伟、王小璐:《人力资本、家庭禀赋与农民的城镇定居意愿——基于CGSS 2010数据库资料分析》,《南京农业大学学报》2014年第5期,第57页。

移时间长短也会影响到农民工的未来定居选择[1]。在城市生活时间越长,个体积攒的人力资本和社会资本越丰富,越能够适应城市生活,永久迁移意愿就越强烈。但是也有学者认为农民工群体同质性强,人力资本水平普遍较低,从而导致人力资本与留城定居意愿之间不具有显著性相关[2]。

社会资本假设指出,农民工在迁入地城市的社会资本越丰富,其定居能力越强,留城定居意愿就越强[3]。迁入地的社会资本可能是以同质性的初级社会关系网络为基础,也可能是以农民工构建的异质性的次级社会关系网络为基础。王毅杰的研究发现,进城农民工在城市里的亲属规模、亲戚规模、老乡规模越大,留城定居意愿越强[4]。家庭成员是否同住在迁入地城市及婚姻状况对留城意愿也有重要影响[5]。叶鹏飞则探讨了农民工与本地居民互动关系和留城定居意愿之间的关系,发现与本地居民的交往会增加农民工的留城定居意愿[6]。但是也有研究指出,结识更多的"城里人"并不会显著提

---

[1] 任远:《"逐步沉淀"与"居留决定居留"——上海市外来人口居留模式分析》,《中国人口科学》2006年第3期,第69页;姚俊:《农民工定居城市意愿调查——基于苏南三市的实证分析》,《城市问题》2009年第9期,第100页。

[2] 姚俊:《农民工定居城市意愿调查——基于苏南三市的实证分析》,《城市问题》2009年第9期,第101页;叶鹏飞:《农民工的城市定居意愿研究——基于七省(区)调查数据的实证分析》,《社会》2011年第2期,第162—164页。

[3] Fan, C.C., "Settlement Intention and Split Households: Findings from a Survey of Migrants in Beijing's Urban Villages," *The China Review*, Vol.11, No.2(2011), pp.11-42;姚俊:《农民工定居城市意愿调查——基于苏南三市的实证分析》,《城市问题》2009年第9期,第96—101页。

[4] 王毅杰:《流动农民留城定居意愿影响因素分析》,《江苏社会科学》2005年第5期,第29—30页。

[5] Zhao, Y.H., "Causes and Consequences of Return Migration: Recent Evidence from China," *Journal of Comparative Economics*, Vol.30, No.2(2002), pp.376-394.

[6] 叶鹏飞:《农民工的城市定居意愿研究——基于七省(区)调查数据的实证分析》,《社会》2011年第2期,第165页。

升农民工的留城定居意愿,农民工与本地居民可能形成一种"隔离性"融合关系[1]。另外的研究则指出,农村社会关系成为农民工留城定居的羁绊[2]。还有研究区分了社会资本的强度、社会资本的类型对留城定居意愿的不同影响。比如刘茜、杜海峰、靳小怡和崔烨基于2009年西安市农民工调查数据分析发现,与一般社会资本相比,政治社会资本对农民工留城意愿的影响更大,与强关系型政治社会资本相比,弱关系型政治社会资本对农民工留城意愿的影响更大,强弱关系兼有型政治社会资本比单一型政治社会资本对农民工留城意愿的影响更大[3]。

心理感知与主观城市生活体验也会对农民工的永久迁移意愿产生重要影响。城市认同感的增加会明显增强农民工的留城定居意愿[4],而对土地的态度和看法也会左右其最后的留城定居倾向[5]。对迁入地强烈的认同感和归属感也能强化新移民的留城定居意愿[6]。王玉君指出参与正式住房市场、与本地人互动、熟练掌握方言不仅直接对农民工的城市定居意愿产生正向影响,而且会通过城市归属感间接提升其定居城市的意愿[7]。钱文荣和李宝值的研究表明,公平

---

[1] 王毅杰:《流动农民留城定居意愿影响因素分析》,《江苏社会科学》2005年第5期,第32页。
[2] 吴兴陆、亓名杰:《农民工迁移决策的社会文化影响因素探析》,《中国农村经济》2005年第1期,第32页。
[3] 刘茜、杜海峰、靳小怡、崔烨:《留下还是离开:政治社会资本对农民工留城意愿的影响研究》,《社会》2013年第4期,第113页。
[4] 郑华伟、刘聪:《农民工留城意愿影响因素分析——基于对山东省菏泽市的调查》,《石家庄经济学院学报》2010年第1期,第98页。
[5] 蔡玲、徐楚桥:《农民工留城意愿影响因素分析——基于武汉市的实证调查》,《中国农业大学学报》2009年第1期,第40页。
[6] 刘于琪、刘晔、李志刚:《中国城市新移民的定居意愿及其影响机制》,《地理科学》2014年第7期,第780—787页。
[7] 王玉君:《农民工城市定居意愿研究——基于十二个城市问卷调查的实证分析》,《人口研究》2013年第4期,第19页。

感知度的提高对农民工的留城定居意愿具有促进效应[1]。

随着新劳动力迁移经济学开始重视家庭在迁移决策中的重要性,以及农民工家庭化流动现象的出现,家庭特征对农民工永久迁移意愿的影响开始增多。相关研究主要探讨家庭资源禀赋(家庭土地占有情况、家庭住房面积、家庭财富累积情况)[2]、家庭人口结构特征(婚姻状况、上学子女数量、未成年子女数量)[3]、家庭人力资本(家庭成员平均年龄、家庭非农劳动力数量、家庭成员受教育程度)[4]和家庭相对社会地位[5]等与农民工迁移意愿和定居倾向的相关性。总的来说,从家庭层面研究农民工留城定居意愿的文献相对匮乏,值得进一步拓展。

三、超越结构与行动:对已有研究的反思

正如有学者所指出的,农村人口迁移不能被简单看作制度性安排的阻碍或推动,也并不仅仅是个人追求利益最大化的经济理性选

---

[1] 钱文荣、李宝值:《初衷达成度、公平感知度对农民工留城意愿的影响及其代际差异——基于长江三角洲16城市的调研数据》,《管理世界》2013年第9期,第94—95页。
[2] 杨云彦、石智雷:《家庭禀赋对农民外出务工行为的影响》,《中国人口科学》2008年第5期,第66—72、96页;聂伟、王小璐:《人力资本、家庭禀赋与农民的城镇定居意愿——基于CGSS 2010数据库资料分析》,《南京农业大学学报》2014年第5期,第53—61、119页。
[3] 白南生、宋洪远等:《回乡,还是进城?——中国农村外出劳动力回流研究》,中国财政经济出版社2002年版。
[4] 盛来运:《国外劳动力迁移理论的发展》,《统计研究》2005年第8期,第72—73页;盛来运:《中国农村劳动力外出的影响因素分析》,《中国农村观察》2007年第3期,第2—15页。
[5] 骆新华:《国际人口迁移的基本理论》,《理论月刊》2005年第1期,第43页。

择,而是主体与结构二重化的过程①。这两种解释思路本质上是方法论整体主义和方法论个体主义在农民工迁移意愿和行为中的具体应用,但是不管哪一种解释都不符合农民工迁移的复杂现实。社会结构决定论无法解释面对同样的社会结构约束,不同农民工个体在永久迁移意愿上的差异;个体理性选择视角无法解释具有同等个体条件的农民工在永久迁移意愿上的差异。因此,对农民工永久迁移意愿的研究既不能完全从社会结构决定论(宏观视角)来解释,也不能完全从个体理性选择角度(微观视角)来理解。我们并不否认留城还是返乡是农民工的理性选择,已有研究对这一点做了充分的论证②。但是我们认为这是一种结构制约下的理性选择,即农民工永久迁移意愿取决于社会结构与个体的互动。无论是宏观视角还是微观视角,都失之偏颇,我们迫切需要一种超越结构与个体的分析框架。当代著名社会学者吉登斯的结构化理论无疑为农民工留城定居意愿的实证分析提供了认识论和方法论支撑。

结构与行动、社会与个人的关系,"一直就是社会科学的一般理论最为棘手的问题"③。在西方社会理论发展长河中形成了两个截然对立的理论派别:强调结构决定论的各种结构主义、功能主义和强调个体能动性的解释学传统。前者主张,社会事实具有独立于个体的客观性、普遍性和对个体行为的约束性,社会整体不能化约为部分

---

① Gugler, J. and Flanagan, W., *Urbanization and Social Change in West Africa*, Cambridge: Cambridge University Press, 1978; Wright, E. and Martin, B., "The Transformation of the American Class Structure, 1960-1980," *American Journal of Sociology*, Vol.93, No.1(1987), pp.1-29.
② 文军:《从生存理性到社会理性选择:当代中国农民外出就业动因的社会学分析》,《社会学研究》2001年第6期,第19—30页。
③ 苏国勋编:《当代西方著名哲学家评传·第10卷(社会哲学)》,山东人民出版社1996年版,第552页。

之和,社会整体相对于个体具有先在性。后者主张个体的主观性、能动性和创造性,阐明个体行为及其背后的意义才是最为重要的。客体主义和主体主义皆缺乏对社会结构和行动者之间关系的正确阐明,在这两个派别眼中,个体与社会、微观与宏观、行动与结构似乎是截然分离的两种既定现象。吉登斯的结构化理论在本体论、认识论和方法论层面解决了这一难题。

吉登斯从社会实践出发,创立了一种"社会科学研究的崭新思路,以开拓与社会思想的既有传统有实质性差异的新路径"[①]。他指出,人类社会"并不是一个'预先给定的'客体世界,而是一个由主体的积极行为所构造或创造的世界","社会的生产与再生产必须被认为是社会成员的技能性实现,而不仅仅是一系列机械的过程"。[②]实践就是具有一定知识的、可以运用资源来实施行动的个体在一定时空中运用规则和资源持续不断改造外部世界的行动过程,这些日常生活实践的反复构成了制度性的实践,导致社会制度形成,而这些制度本身又成为行动者日常生活实践的中介。[③]由此可见,行动与结构都是社会实践活动中两个互相渗透的侧面。一方面,社会结构通过制度关系和规则限制约束着个体的行动;另一方面,个体以其自觉性认识社会结构并不断调整行动,并且根据自己在行动中不断产生的新要求来调整行为规则和社会制度,进而改变社会结构。

国内一些关于农民工迁移意愿和行为的研究已经自觉或不自觉

---

① [英]吉登斯:《社会的构成:结构化理论大纲》,生活·读书·新知三联书店1998年版,第29页。
② [英]吉登斯:《社会学方法的新规则——一种对解释社会学的建设性批判》,社会科学文献出版社2003年版,第277页。
③ 李红专:《当代西方社会理论的实践论转向——吉登斯结构化理论的深度审视》,《哲学动态》2004年第11期,第9页。

地应用了吉登斯的结构化理论。黄平在《寻求生存——当代中国农村外出人口的社会学研究》中明确指出农民外出就业是主体和结构二重化的过程,农民会在迁移过程中不断调整并合理化自己的行动策略,这些行动的结果也产生了很多"非预期后果",构成下一步行动的新的规则和资源[1]。蔡玲和徐楚桥认为,农民工的留城意愿是一个动态变化的过程,经济理性考虑对农民工外出就业具有重要的影响,但是当主体产生了外出打工的行为后,这一行为的后果又会反过来影响行为主体[2]。钱文荣和李宝值的研究发现,初衷达成度对农民工的留城意愿具有正面提升作用[3]。周晓虹对北京"浙江村"和温州一个农村社区的实地调研发现,温州农民的价值观、生活态度和社会行为模式发生了从传统向现代的转变,突出强调了流动和城市生活体验的决定作用[4]。任远关于流动人口的"居留决定居留"和"逐步融入"假设,朱宝树关于流动人口的"累积惯性"假设,也是该研究视角的代表。

这些研究都是从结构与个体条件互动的结果切入,对农民工迁移意愿和行为进行分析。在我们看来,结构化理论在农民工留城定居意愿研究领域的应用更能够揭示农民工留城定居意愿的决定机制,而立足于社会结构展开的各种分析只能算是因素分析。具体到

---

[1] 黄平主编:《寻求生存——当代中国农村外出人口的社会学研究》,云南人民出版社1997年版。
[2] 蔡玲、徐楚桥:《农民工留城意愿影响因素分析——基于武汉市的实证调查》,《中国农业大学学报》2009年第1期,第45页。
[3] 钱文荣、李宝值:《初衷达成度、公平感知度对农民工留城意愿的影响及其代际差异——基于长江三角洲16城市的调研数据》,《管理世界》2013年第9期,第89—101页。
[4] 周晓虹:《流动与城市体验对中国农民现代性的影响——北京"浙江村"与温州一个农村社区的考察》,《社会学研究》1998年第5期,第70页。

统计分析技术,应该把结构制约下的个体的实际生存状态纳入分析模型而不是结构性因素。

四、城市嵌入性:农民工永久迁移意愿的分析视角

我们认为,"嵌入性"这一分析工具符合吉登斯的"结构化"理论要旨。首先,"嵌入性"是一种情景化解释,将分析的重心放在社会结构特征和个体条件的互动结果,而不是聚焦于宏观社会结构特征。城市"嵌入"状态对农民工永久迁移意愿的影响更为直接、更为可靠。其次,"嵌入性"聚焦于宏观社会结构特征作用于农民工留城定居意愿的中间机制,是一种机制分析,而立足宏观社会结构的研究文献主要是一种因素分析,至于理性选择视角则更多属于去背景化分析。"嵌入性"理论视角下,原子化的个体行动被赋予了情境变量而更加真实。再次,在"嵌入性"分析框架中,社会结构既是一种规则制约,也可以充当行动者的资源,克服以往主要侧重限制作用的结构分析的弊病。最后,"嵌入性"视角也不同于社会融入视角,后者是以城市为目的,主要关注迁入地的社会结构的限制或促进,而前者则既关注迁入地,也关注迁出地的影响。

我们选择"嵌入性"这一分析工具直接受到工作嵌入对员工离职意愿影响相关研究的启发。受经济社会学"经济行为嵌入社会关系网络"这一假设的影响,米切尔(Mitchell)等在员工离职模型中引入了"工作嵌入"这一分析性概念,指出"工作嵌入就像一张网,使人'陷入'其中,具有高度嵌入性的人有许多紧密的社会联结,并可以通过

多种关系的组合方式嵌入或陷入工作与生活的社会网络中"①,那些联系越多的个体,"嵌入性"越高,离职的可能性越小。他们认为嵌入涵盖了多重社会关系,包括员工及其家庭在社会、心理和经济网络中千丝万缕的联系,比如朋友、关联群体、社区和他们生活的物质环境。总之,员工的离职由嵌入的环境决定,包括组织环境和社区环境。米切尔分别从员工的组织联系、组织匹配、组织牺牲和社区联系、社区匹配、社区牺牲等六个维度来探讨"嵌入性"。国内学者对工作嵌入应用于农民工的离职研究还比较少②。这一研究视角提醒我们,可以把"嵌入性"这一分析工具应用到农民工永久迁移意愿的分析中来。

此外,近些年已经出现从嵌入(脱嵌)的视角来研究农民工特别是新生代农民工问题。朱妍和李煜指出,新生代农民工面临"双重脱嵌"的困境:既游离于制度性权力机构和福利保障体系之外(制度脱嵌),又在客观纽带和主观认同上脱离传统乡土中国(传统脱嵌)③。黄斌欢将新生代农民工的留守经历放在嵌入性视角下进行考察,发现新生代农民工同时脱离于乡村社会和城市社会,呈现出"双重脱嵌"的特征,导致他们处于不断流动与漂泊的状态,很难形成"自为"意义上的阶层④。陈增荣指出,农民工进城与返乡体现了一种双向

---

① Mitchell, T.R., Holtom, B.C., Lee, T.W., Sablynski, C.J., and Erez, M., "Why People Stay: Using Job Embeddedness to Predict Voluntary Turnover," *Academy of Management Journal*, Vol.44, No.6(2001), pp.1102-1121.
② 孙中伟、杨肖锋:《脱嵌型雇佣关系与农民工离职意愿——基于长三角和珠三角的问卷调查》,《社会》2012年第3期,第98—128页;陈云川、雷轶:《新生代农民工组织嵌入、职业嵌入与工作绩效研究》,《当代财经》2014年第11期,第79—91页;张宁俊、兰海、袁梦莎:《新生代农民工脱嵌性劳动关系研究》,《中国劳动》2015年第6期,第48—51页。
③ 朱妍、李煜:《"双重脱嵌":农民工代际分化的政治经济学分析》,《社会科学》2013年第11期,第66页。
④ 黄斌欢:《双重脱嵌与新生代农民工的阶级形成》,《社会学研究》2014年第2期,第184—186页。

的"嵌入"过程:进城——带着"乡土惯习"嵌入城市生存环境的过程,返乡——带着"市民惯习"嵌入乡土社会环境的过程①。汪华的研究表明,工作嵌入会降低农民工的集体维权意愿,而乡土社会关系嵌入则会增强维权意愿②。朱磊和雷洪基于"流出地脱嵌"和"流入地嵌入"两个维度将农民工划分为两栖群体、移民群体、打工群体和无根群体四种类型③。郭戈专门研究了新生代女性农民工的风险困境,指出她们在城市遭遇着制度性脱嵌,因而不得不再嵌入传统家庭生活/社区中,个体化之路漫漫④。邓梅基于上海市郊区"异地农民"的研究,指出当外来农户努力尝试"嵌入"城市的时候,却遭遇了空间政治,城市连同市场对他们实行空间治理⑤。张友庭的研究揭示,外来人口集中居住的城中村的社区生活秩序逐步嵌入城市社会结构⑥。

"嵌入性"这一概念由卡尔·波兰尼(Karl Polanyi)于1944年在《大转型》一书中首先提出,意指经济体系的运作过程中所蕴含的社会体系的影响,侧重于经济体系与社会体系间的双边联系,即经济行为总是与经济制度和非经济制度密不可分并嵌入其中。他提出了经济体系与社会体系的嵌入性关系问题,即经济行为总是嵌入文化、习俗等非经济行为中。他指出,市场嵌入社会是人类历史的本质和普

---

① 陈增荣:《农民工的双向"嵌入"与农民工的生存世界》,《武汉职业技术学院学报》2010年第5期,第117页。
② 汪华:《乡土嵌入、工作嵌入与农民工集体行动意愿》,《广东社会科学》2015年第2期,第194页。
③ 朱磊、雷洪:《论农民工的分类及其转型》,《社会学评论》2015年第5期,第78页。
④ 郭戈:《从脱嵌到再嵌入:新生代女性农民工的风险困境》,《湖南社会科学》2016年第3期,第99—103页。
⑤ 邓梅:《异地农民:嵌入与空间政治——对上海M区X村某莱农聚居区研究》,硕士学位论文,华东师范大学,2012年。
⑥ 张友庭:《社区秩序的生成——上海"城中村"社区实践的经济社会分析》,上海社会科学院出版社2014年版,第185页。

遍逻辑,经济牢牢地附属于整体社会,并且经济行为者的理性概念也不是所有经济形式都必备的因素,例如在互惠、再分配与交换三种交换形式中,前两者就不能说存在所谓"市场价格"。在《大转型》一书中,他详细讨论了前工业社会中经济是如何嵌入社会、宗教以及政治制度之中的。他认为,人类的经济行为是嵌入制度之中的,包括经济的与非经济的制度。这里,非经济制度至关重要,宗教、政府在经济的结构与功能的形成、维持方面,与货币制度同等重要。"人类经济嵌入并缠结于经济与非经济的制度之中,将非经济的制度包含在内是极为重要的。对经济的结构和运行而言,宗教和政府可能像货币制度或减轻劳动强度的工具与机器一样重要。"[1]波兰尼提出了两个重要的命题。命题一:经济(市场)嵌入社会关系之中,尤其嵌入各种义务、互惠、宗教、行为模式,以及一系列能够引导人类冲突和欲望转向非经济目的的其他社会关系形式之中。命题二:自发调节的市场必然引发社会的反向保护运动,但是在市场社会中,社会的运行从属于市场规则。

波兰尼的嵌入性概念对于理解经济行为的社会条件以及经济活动中社会因素的影响和作用有着开先河的意义,但是他主要从宏观方面论证了经济与社会的嵌入关系,对具体的嵌入过程和规则并没有进行深化研究。所以,他的研究主要处于概念提出阶段,其进一步的理论化是在 20 世纪 80 年代由格兰诺维特(Granovetter)完成的。[2]

---

[1] Polanyi, K., "The Economy as Instituted Process," in Polanyi, K., Arensberg, C.M., and Pearson, H.W. eds., *Trade and Market in the Early Empires: Economies in History and Theory*, Chicago: Henry Regnery Company, 1957.

[2] Polanyi, K., *The Great Transformation: The Political and Economic Origins of Our Time*, Boston: Beacon Press, 1957.

1985年美国新经济社会学代表人物格兰诺维特在《经济行动与社会结构：嵌入性问题》一文中再次提出嵌入性问题，批评了古典经济学和新古典经济学的理性人假设，指出"不受社会关系影响的理性追求个人利益的行为"是一种理想化状态，是一种"社会化不足"的观念。他也反对社会学对人类行为解释的"过度社会化"倾向，替代性地提出了"适度社会化"的嵌入性思想，即人类行为不会像"游离于社会联系之外的原子那样进行决策和行动"，也不会像"奴隶般依附在他/她所属社会类别赋予的角色"；相反，他们具有目的性的企图是"嵌入具体的、正在进行的社会关系体系之中"。[1]他将嵌入划分为关系性嵌入和结构性嵌入。关系性嵌入是指个体行为嵌入与他人互动所形成的关系网络之中，这种社会关系是一种基于信任、文化、声誉等因素的持续性社会关系。关系性嵌入的理论基础主要源自社会学中的社会资本分析，注重行动者的关系的影响。其通过"互动频率""关系持续时间""亲密程度""互惠性服务内容"四个核心指标区分出强关系、弱关系和混合型关系三种类型，并指出弱关系能够提供更广泛的信息[2]。结构性嵌入是指行为主体及其所在的网络嵌入由其构成的社会结构之中，并受到来自社会结构的文化、价值因素的影响。结构性嵌入的理论基础主要源自经济学中的网络分析，注重研究网络的整体性以及行动者在网络中的位置。结构洞是结构性嵌入的关键概念，结构洞的位置具有信息优势和控制优势[3]。结构性嵌入主要强调网络内主体的结构特征，而关系性嵌入主要强调

---

[1] Granovetter, M., "Economic Action and Social Structure: The Problem of Embeddedness," *American Journal of Sociology*, Vol.91, No.3(1985), p.485, 487.
[2] ［美］格兰诺维特：《镶嵌——社会网与经济行动》，社会科学文献出版社2007年版，第69、13、83、115页。
[3] 同上书，第73页。

网络的关系特征。

格兰诺维特不仅"复活"了波兰尼的嵌入性概念,而且确立了经济社会学分析的基本假设,即经济行为受到个体或企业所处社会网络的影响。格兰诺维特更为突出的贡献在于提出了可供具体操作的分析框架(实证分析模型),大大扩展了嵌入性的应用范围,提高了嵌入性的解释力,奠定了该理论在经济社会学中的核心地位,引发了不同学科研究者的极大兴趣。后续研究不断丰富着嵌入性理论的内涵。佐金(Zukin)和迪骄(Dimaggio)对行为作为嵌入客体的社会关系进行了解构,提出了四种嵌入观,即个体行为受到认知嵌入、文化嵌入、政治嵌入和结构嵌入等四种不同嵌入的影响。认知嵌入是指个体或组织在进行行为选择时受到周边环境和原有思维意识的引导或限制。文化嵌入是指个体或组织的行为选择受到传统价值观、信念信仰、宗教传统等外部共享的集体理解的影响。政治嵌入是指个人或组织的行为受到所处的外部政治环境、政治体制和权力结构的影响。结构嵌入则承袭格兰诺维特强调的个体或组织所处的社会关系网络带给行为选择的影响。[1]杰索普(Jessop)则对社会关系做了三个层面的划分:第一个层面是人际关系的社会嵌入,第二个层面是组织间关系的制度嵌入,第三个层面是制度秩序的社会嵌入。[2]艾伯拉非亚(Abolafia)提出制度嵌入性的概念[3],强调社会制度设计对个

---

[1] Zukin, S. and Dimaggio, P., *Structures of Capital: The Social Organization of the Economy*, Cambridge, MA: Cambridge University Press, 1990.

[2] Jessop, B., "Regulationist and Autopoieticist Reflections on Polanyi's Account of Market Economies and the Market Society," *New Political Economy*, Vol.6(2001), pp.213-232.

[3] 甄志宏:《从网络嵌入性到制度嵌入性——新经济社会学制度研究前沿》,《江苏社会科学》2006年第3期,第97—100页。

人/组织行为的影响。阿玛多(Amado)对美国墨西哥移民的研究表明,社会和文化的嵌入是个体关系嵌入的前提[1]。还有分析组织行为的研究指出了嵌入性的层次结构,宏观的环境嵌入性、中观的组织间嵌入性和微观的双边嵌入性[2]。

正如有些研究所批评的,"嵌入性"内涵的演化及其相关实证研究呈现泛化倾向[3],具有"概念伞"[4]的性质,很多研究者几乎把"嵌入"等同于"受限",凡是涉及两方关系的相关性,就使用"嵌入性"进行分析。这些已经远远偏离了"嵌入性"概念的初始含义,并且给深入研究嵌入造成了困难,出路在于回到"嵌入性"概念的原初意义,明确嵌入的主体、客体,并厘清嵌入的内涵。

总之,嵌入性理论的启示在于:第一,个体行为既是经济行为,受经济理性驱动,又是一种社会文化行为,包含了社会文化意涵。哲学家所说的"主体性和主体间性",古典社会学家所讨论的"人类行为的私人性和社会性",斯密关于人性"自立性和社会性"的假设,都承认了个体行动的双重属性(或者多重属性)。马克斯·韦伯对社会学研究对象社会行动的界定即鲜明地表明了这种立场和态度。农民工永久迁移城市的意愿和行为既要从经济理性视角去分析,也要洞察其背后深刻的社会文化动因。换句话说,农民工永久迁移城市与否是经济理性和社会理性相容的结果。第二,个体不能脱离社会结构、社

---

[1] Amado, M.L., *Mexican Immigrants in the Labor Market: The Strength of Strong Ties*, New York: LFB Scholarly Publishing LLC, 2006.
[2] Hagedoorn, J., "Understanding the Cross-Level Embeddedness of Inter-Firm Partnership Formation," *The Academy of Management Review*, Vol. 31, No. 3 (2006), pp.670-680.
[3] 黄中伟、王宇露:《关于经济行为的社会嵌入理论研究述评》,《外国经济与管理》2007年第12期,第4页。
[4] 兰建平、苗文斌:《嵌入性理论研究综述》,《技术经济》2009年第1期,第108页。

会关系,像原子式地进行决策和行动,他嵌入具体的、当下的社会结构、社会关系中,做出符合自己的目的性的选择。农民工永久迁移城市的意愿和行为是其嵌入城市社会结构和社会关系网络中的城市"嵌入性"或城市"嵌入态"的结果。这里,嵌入的客体至少包括城镇劳动力市场、城市社区和城市文化。

综上所述,本书的分析框架如下。

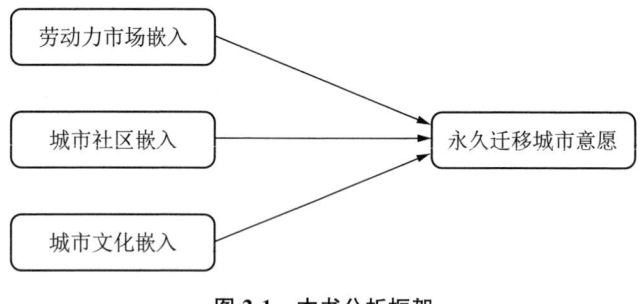

图 2-1 本书分析框架

第三章
农民工永久迁移意愿的现状

本章首先对农民工的永久迁移意愿现状做一描述性分析,除了从总体上把握农民工的永久迁移意愿和城市偏好,还比较了不同个体特征、家庭特征、迁移特征和区域特征的农民工在永久迁移意愿表现上的差异。

一、农民工永久迁移意愿的基本状况

(一) 农民工永久迁移意愿强烈

图 3-1 显示,65.56%的农民工愿意选择在城市定居,34.44%的农民工愿意选择在老家农村或老家乡镇定居,也就是说,近三分之二的农民工倾向于永久迁移城市,可见农民工永久迁移意愿比较强烈。根据国家统计局发布的《2021 年农民工监测调查报告》,2021 年全国农民工总量达到 29 251 万人,这样就意味着近两亿的农民工愿意在城市永久定居和生活,这将对迁入地城市社会管理和公共服务提出巨大的挑战。

图 3-1　农民工永久迁移意愿(%)

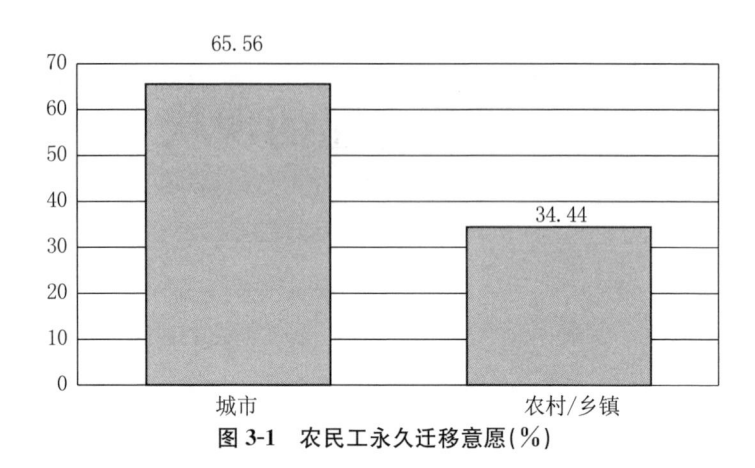

(二) 农民工表现出迁移的大城市和省内城市偏好

图 3-2 显示,73.13%的农民工愿意选择在省内省会城市或外省省会城市定居,选择在老家县城/地级市或外省中小城市定居的比例为 26.86%,可见农民工城市定居表现出大城市偏好。大城市拥有更多的就业机会和教育、医疗等公共服务资源,对农民工产生了非常强的吸引力。这一研究结论尤其适用于那些具有大城市生活经历的农

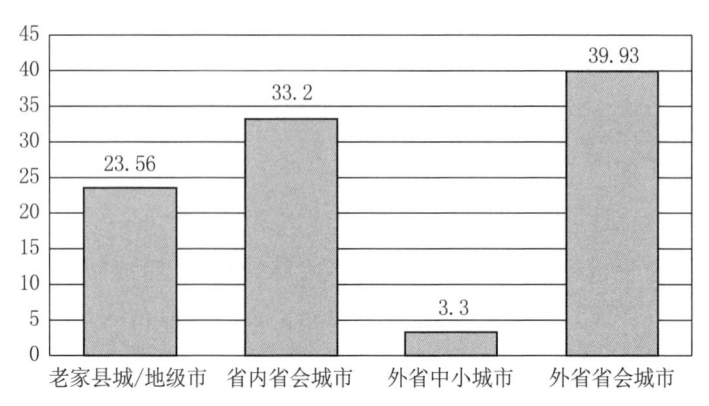

图 3-2　农民工永久迁移城市偏好(%)

民工。23.56%的农民工将老家县城/地级市作为永久定居之所,表明即使农民工在大城市留不下来,也很少继续选择回到农村,而是会回到生活成本更低、适应性更强的老家县城或地级市。56.76%的农民工愿意选择在省内省会城市或老家县城/地级市定居,选择在外省省会城市或外省中小城市定居的比例为43.23%,可见农民工城市定居表现出省内偏好。省内迁移一方面意味着较低的迁移成本,另一方面反映出文化和情感对农民工迁移可能带来的影响。省内迁移可以避免语言和生活习惯的过分转换所带来的不适应感[1]。

二、个体特征与农民工永久迁移意愿

(一) 女性农民工永久迁移意愿更强

表 3-1 显示,女性农民工永久迁移城市的意愿更为强烈。68.41%的女性农民工愿意选择在城市定居,高出男性农民工近 5 个百分点。这与世界移民史的基本趋势吻合。一般来说,在工业化中期阶段以后,产业结构调整导致城市对女性的需求量增加,甚至超过男性[2]。此外,对女性来说,迁移城市不仅意味着就业机会的增多、经济能力的增强,还意味着进入一个完全不同的社会文化空间,其中的性别规范发生了很大的变化,年轻女性和已婚妇女的独立意识和主体意识觉醒,从而获得了对抗性别歧视和压迫的自觉意识和能力[3]。

---

[1] 孙中伟:《农民工大城市定居偏好与新型城镇化的推进路径研究》,《人口研究》2015 年第 5 期,第 79 页。
[2] 张翼:《农民工"进城落户"意愿与中国近期城镇化道路的选择》,《中国人口科学》2011 年第 2 期,第 20 页。
[3] 金一虹:《流动的父权:流动农民家庭的变迁》,《中国社会科学》2010 年第 4 期,第 154—156 页。

所以,她们比男性更加偏爱城市生活。

表 3-1　性别与农民工永久迁移意愿的相关性分析(%)

性别	老家/乡镇	城市
男性	36.46	63.54
女性	31.59	68.41

表 3-2 显示,不管是男性农民工还是女性农民工,都偏好迁移大城市,但是也存在一些差异。与男性农民工相比,女性农民工表现出更强的省内城市偏好和大城市偏好。男性农民工具有更强的冒险精神,迁移距离一般也比女性要长。但是男性在中国文化语境中也被赋予了更多的养家糊口的责任,他们比女性承受着更多的压力和社会期待,所以当他们面对城市生活的高房价、高成本时,选择回老家发展的可能性越来越大。近年来产业结构的梯度转移,老家县城或地级市的就业机会相应增加,也吸引他们返回老家,或创业,或就业。女性农民工选择到外省中小城市的比例更高或许与婚姻有关,流动扩展了农民工通婚半径,跨省市婚姻的比例明显增加。在当前"从夫居"仍占主导的情形下,女性农民工可能会跟随丈夫回老家中小县城生活。

表 3-2　性别与农民工永久迁移城市偏好的相关性分析(%)

性别	老家县城/地级市	省内省会城市	外省中小城市	外省省会城市
男性	26.16	29.88	2.33	41.63
女性	20.06	37.67	4.59	37.67

(二) 新生代农民工永久迁移意愿更强

表 3-3 显示,年纪越轻,农民工永久迁移城市的意愿越强。1969年及以前出生的农民工 44.68% 愿意永久迁移城市,1970—1979 年出生的农民工("70 后"农民工)56.35% 愿意永久迁移城市,1980—

1989年出生的农民工("80后"农民工)73.75%愿意永久迁移城市,1990年及以后出生的农民工("90后"农民工)愿意永久迁移城市的比例更高,达到76.03%。来自代际的影响在已有农民工迁移城市的研究中受到较多关注,但是结论并不一致,本次调查数据的分析结果显示,年纪越轻的农民工永久迁移城市的意愿越强,支持新生代农民工更愿意迁移城市的结论。

表3-3 年龄与农民工永久迁移意愿的相关性分析(%)

年　龄	老家/乡镇	城市
1969年及以前	55.32	44.68
1970—1979年	43.65	56.35
1980—1989年	26.25	73.75
1990年及以后	23.97	76.03

表3-4显示,不同年龄段农民工均表现出定居大城市的偏好。不同的是,新生代农民工选择永久迁移中小城市,特别是老家县城或地级市的比例要高于老一代农民工,并且更倾向于永久迁移省内城市。从迁移特征看,老一代农民工外出迁移时间更长,外出务工和生活的经验更为丰富,也积攒了一定的物质生活资本、人力资本和社会关系资本等,他们更有能力在大城市生活。新生代农民工虽然怀揣着美好的理想来到城市,对城市生活也赋予更多期待,但是城市工作和生活的各种艰辛让他们变得务实。虽然他们愿意永久迁移城市的比例高于老一代,但是在大城市折戟沉沙之后会选择回到老家县城或地级市工作和生活。这一数据分析结果着实表明了新生代农民工在"回不去的农村"和"留不下的大都市"之后的次优选择[1]。

---

[1] 悦中山:《农民工的社会融合研究:现状、影响因素与后果》,博士学位论文,西安交通大学,2011年,第109—110页。

表 3-4　年龄与农民工永久迁移城市偏好的相关性分析(%)

年　龄	老家县城/地级市	省内省会城市	外省中小城市	外省省会城市
1969 年及以前	21.24	30.57	0.52	47.67
1970—1979 年	18.18	32.02	1.19	48.62
1980—1989 年	22.03	33.9	2.54	41.53
1990 年及以后	29.23	34.03	6.47	30.27

(三) 未婚农民工永久迁移意愿更强

表 3-5 显示,与已婚农民工相比,未婚者更愿意永久迁移城市。未婚农民工中 76.76% 选择将来在城市定居,23.24% 选择在老家/乡镇定居。已婚农民工中 57.54% 选择将来在城市定居,42.46% 选择在老家/乡镇定居。一般认为,对婚姻和家庭的责任是已婚者倾向于回到老家农村的原因。已婚农民工如果夫妻双方都在城市工作和生活,且与子女在城市共同居住的话,其所承担的生活成本很高,将来选择返回老家农村的可能性更大。特别是当前在学龄儿童于迁入地城市因各种制度限制而不能就学的情况下,夫妻一方特别是妻子有可能会选择回老家陪读,进一步削弱了已婚农民工的永久迁移意愿。从生命历程视角来看,已婚农民工的农村社会联系比未婚农民工要多,他们还要承担赡养老家老年父母的责任,所以他们的生活重心还是在农村。

表 3-5　婚姻状况与农民工永久迁移意愿的相关性分析(%)

婚姻状况	老家/乡镇	城市
未婚	23.24	76.76
已婚	42.46	57.54

表3-6显示,不同婚姻状况的农民工均表现出大城市偏好和省内城市偏好。已婚农民工选择永久迁移大城市的比例更高,未婚农民工选择在老家县城/地级市定居的比例更高。这一结果表明,虽然已婚农民工选择返回老家农村或乡镇的比例更高,但是那些选择永久迁移城市的已婚农民工表现出明显的大城市偏好。与未婚者相比,已婚农民工进城务工时间更长,与城市发生的联系更多,更能够认识到城市和农村在发展机会、公共服务资源等方面的巨大差异。他们要么选择留在大城市,要么选择返回老家农村。

表3-6 婚姻状况与农民工永久迁移城市偏好的相关性分析(%)

婚姻状况	老家县城/地级市	省内省会城市	外省中小城市	外省省会城市
未婚	25.44	33.11	5.52	35.94
已婚	21.94	33.51	1.2	43.35

(四) 受教育程度越高的农民工永久迁移意愿越强

表3-7显示,受教育程度越高,农民工永久迁移城市的意愿越强。大专及以上学历农民工的永久迁移意愿最强,88.16%选择将来在城市定居和生活;其次为高中学历农民工,70.99%选择将来在城市定居和生活;初中及以下学历农民工的永久迁移意愿最弱,54.82%选择将来在城市定居和生活。这与以往的研究结论保持完全一致。受教育程度越高表明个体的人力资本越丰富,在劳动力市场上更有优势,谋求到较高职业地位的可能性更大,适应城市社会文化生活的能力更强。另外,高学历层次的农民工得到各种城市社会政策关照的可能性更大。这些都意味着农民工对城市经济社会和文化结构的较高程度嵌入。

表 3-7　受教育程度与农民工永久迁移意愿的相关性分析(%)

受教育程度	老家/乡镇	城市
初中及以下	45.18	54.82
高中	29.01	70.99
大专及以上	11.84	88.16

表 3-8 显示,不同受教育程度的农民工均表现出大城市偏好。所不同的是,大专及以上学历农民工选择省内省会城市定居的比例略高,初中及以下学历农民工选择外省省会城市定居的比例略高,高中学历农民工选择老家县城/地级市定居的比例略高。这些主观意愿反映了不同受教育程度的农民工在不同等级城市之间可能的分布情况。一般来说,不同受教育程度的个体在不同等级城市之间呈梯度分布,即大城市的高学历者更多,因为大城市有较高的教育回报率[1]。但是我们发现低学历农民工永久迁移大城市的比例并不低,这与大城市发达的劳动力市场和社会分工所提供的多样的就业机会紧密相关,当前一些中低端制造业和服务业仍然聚集在大城市及其周边。

表 3-8　受教育程度与农民工永久迁移城市偏好的相关性分析(%)

受教育程度	老家县城/地级市	省内省会城市	外省中小城市	外省省会城市
初中及以下	23.49	32.35	1.83	42.33
高中	25.27	32.53	3.49	38.71
大专及以上	22.22	35.19	5.56	37.04

---

[1] 杜两省、彭竞:《教育回报率的城市差异研究》,《中国人口科学》2010 年第 5 期,第 85—94 页。

三、家庭特征与农民工永久迁移意愿

不同于之前的个人中心主义分析范式,20 世纪 80 年代兴起的新迁移经济学主张把家庭带回迁移研究的中心,指出迁移是家庭决策的结果。该理论的核心主张是,家庭(而非个人)在迁移中起到决定性作用[1]。该理论的四个基本命题是:第一,迁移是家庭决策,并非独立的个体行为。第二,规避家庭潜在的风险是影响迁移的重要因素。第三,尤其在发展中国家,农户家庭在资金、技术等方面面临的制度供给短缺导致大量迁移行为的发生。第四,与参考群体相比较之后产生的"相对剥夺感"比绝对收入水平更加能够影响迁移行为。[2]这些理论主张部分得到了国内实证研究的验证[3]。新迁移经济学的理论框架值得我们高度关注,"其一系列基本假设和主要观点对于理解和分析我国农村劳动力的乡城转移问题有着比较强的理论适用性"[4]。

---

[1] 朱明芬:《农民工家庭人口迁移模式及影响因素分析》,《中国农村经济》2009 年第 2 期,第 72—74 页。
[2] 杨云彦、石智雷:《家庭禀赋对农民外出务工行为的影响》,《中国人口科学》2008 年第 5 期,第 67 页;赵燕:《新迁移经济学对研究我国农村劳动力转移问题的适用性分析》,《经济研究导刊》2011 年第 11 期,第 8 页。
[3] 刘同山、孔祥智:《家庭资源、个人禀赋与农民的城镇迁移偏好》,《中国人口·资源与环境》2014 年第 8 期,第 77 页;聂伟、王小璐:《人力资本、家庭禀赋与农民的城镇定居意愿——基于 CGSS 2010 数据库资料分析》,《南京农业大学学报》2014 年第 5 期,第 58—59 页;Dustmann, C., "Return Migration: The European Experience," *Economic Policy*, Vol.11, No.22(1996), pp.213-250; Zhao, Y.H., "Causes and Consequences of Return Migration: Recent Evidence from China," *Journal of Comparative Economics*, Vol.30, No.2(2002), pp.376-394;石智雷、杨云彦:《家庭禀赋、家庭决策与农村迁移劳动力回流》,《社会学研究》2012 年第 3 期,第 174—176 页。
[4] 赵燕:《新迁移经济学对研究我国农村劳动力转移问题的适用性分析》,《经济研究导刊》2011 年第 11 期,第 8 页。

这既由传统中国家庭主义的文化价值取向所决定,也是在新的社会经济条件下家庭功能重构的结果。

(一)家庭经济条件好的农民工永久迁移意愿更强

表3-9显示,家庭年收入8万元以上的农民工永久迁移城市的意愿最高,其次为年收入在5万元—8万元之间的农民工,家庭年收入在5万元以下的农民工永久迁移意愿更弱,这说明较好的家庭收入水平会显著提升农民工的城市定居可能性。图3-3则更加直观地展示了家庭年收入水平与农民工永久迁移意愿(取对数)的变化趋势。表3-9还显示,家庭经济条件越好,农民工越偏好大城市。家庭高收入组的农民工选择永久迁移大城市的比例最高,家庭中等收入组的农民工选择永久迁移老家县城或地级市的比例最高。

表3-9 家庭特征与农民工永久迁移意愿及城市偏好的相关性分析(%)

家庭特征		返乡	留城	老家县城/地级市	省内省会城市	外省中小城市	外省省会城市
老家拥有土地情况	是	36.37	63.63	23.79	34.56	5.57	36.08
	否	24.01	75.99	22.30	36.43	6.69	34.57
家庭年收入	5万元以下	39.03	60.97	22.41	34.76	4.57	38.26
	5万元—8万元	33.39	66.61	27.58	32.73	1.80	37.89
	8万元以上	27.58	72.42	21.05	31.36	2.85	44.74
老家相对社会地位	中下	42.40	57.60	23.62	42.13	3.15	31.10
	中等	33.68	66.32	24.28	31.35	3.63	40.74
	中上	25.31	74.69	18.33	31.67	1.67	48.33

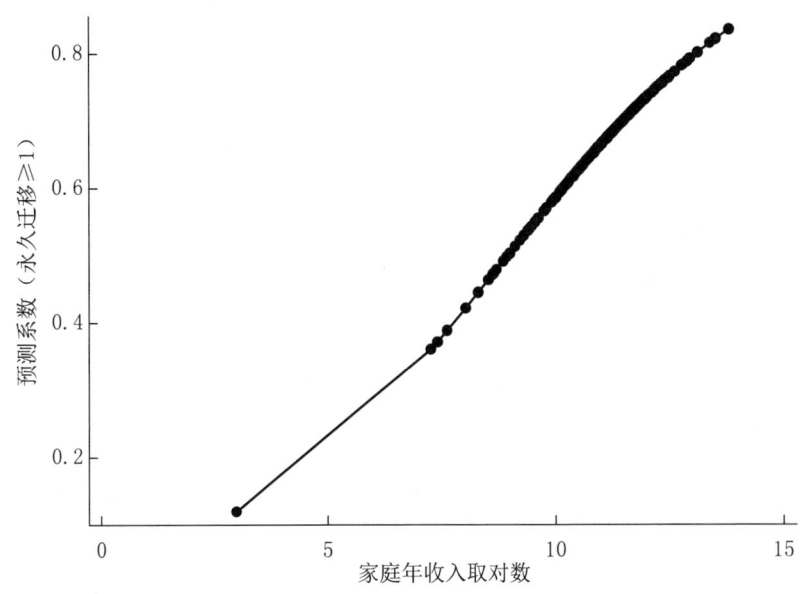

图 3-3　家庭年收入水平与农民工永久迁移意愿(相关系数 p)

(二) 老家没有土地会提升农民工永久迁移意愿

表 3-9 显示,老家有没有土地与农民工的永久迁移意愿之间存在重要相关性,那些老家没有土地的农民工永久迁移城市意愿更强。有研究显示,土地资源是农民永久迁移城市的最大拉力,特别是在当前中国快速城市化背景下,土地既具有保障功能,又是一种重要的生产性资料,具有为农民创造财产性收入的潜在可能。本书数据分析结果支持这一结论,即土地是农民工永久迁移城市的重要羁绊,但是否在老家拥有土地对农民工城市偏好没有明显的影响。

(三) 老家相对社会地位越高,农民工永久迁移意愿越强

新迁移经济学理论指出,家庭相对地位越低,农民工永久迁移意愿越强。但是表 3-9 的数据分析结果却正好相反,农民工家庭在老家相

对社会地位越高,农民工永久迁移意愿越强烈,家庭在老家农村地位处于中等的农民工选择永久迁移城市的比例高出中下地位近9个百分点,中上地位的农民工高出中等地位约8个百分点。这一结论恰符合中国社会现实,农民工流动更多是发展性的,主要是农村社会精英为了谋求更好的发展机会向外迁移,凡是在农村留下来的都是老弱病残妇儿等群体。这与中国土地制度安排保证了农民的基本温饱问题有重要关系。此外,家庭相对地位越高,越能够支付迁移成本(市民化/城市化成本)。所以,老家相对社会地位越高的农民工越偏好大城市,且永久迁移外省大城市的意愿更强,而老家中等以下地位的农民工更偏好中小城市。

四、迁移特征与农民工永久迁移意愿

(一) 迁移时间对农民工永久迁移意愿的影响呈倒U形

表3-10显示,迁移时间对农民工的永久迁移意愿具有重要影响,但是两者并非线性相关,而是呈倒U形,即并非城市居留时间越长的农民工选择定居城市的可能性越大。农民工永久迁移城市意愿随着迁移时间经历了一个先上升后回落的发展趋势,具体来说,进城半年及以下的农民工60.54%愿意永久迁移,进城半年以上1年及以下的农民工64.29%愿意永久迁移,进城1年以上5年及以下的农民工70.45%愿意永久迁移,进城5年以上10年及以下的农民工65.16%愿意永久迁移,进城10年以上15年及以下的农民工60.64%愿意永久迁移,进城15年以上的农民工62.73%愿意永久迁移。这些数据分析结果基本符合农民进城务工的主观心理变化状况。进城之初,农民工对城市生活充满期待,随着城市居留时间的增加,他们

被城市发展机会和生活方式所吸引,比较倾向于留下来,但是随着城市生活的逐步嵌入,他们发现在城市的进一步发展存在诸多限制与排斥,转而倾向于选择回到老家。只有一小部分在城市长期居留的农民工在工作与生活各个方面扎根在城市,从而表现出较强的永久迁移意愿。这也表明了第一代农民工的发展意愿,他们中相当一部分会选择回到老家农村生活,这一趋势值得关注。

表 3-10 城市居留时间与农民工永久迁移意愿的相关性分析(%)

城市居留时间	老家/乡镇	城市
半年及以下	39.46	60.54
半年以上 1 年及以下	35.71	64.29
1 年以上 5 年及以下	29.55	70.45
5 年以上 10 年及以下	34.84	65.16
10 年以上 15 年及以下	39.36	60.64
15 年以上	37.27	62.73

表 3-11 显示了城市居留时间对农民工永久迁移城市偏好的影响,从中可以发现,无论城市居留时间长短,大城市都是农民工的主

表 3-11 城市居留时间与农民工永久迁移城市偏好的相关性分析(%)

城市居留时间	老家县城/地级市	省内省会城市	外省中小城市	外省省会城市
半年及以下	37.57	27.07	1.66	33.7
半年以上 1 年及以下	23.61	37.5	8.33	30.56
1 年以上 5 年及以下	26.88	33.39	5.31	34.42
5 年以上 10 年及以下	20.46	34.98	2.31	42.24
10 年以上 15 年及以下	17.54	33.92	1.17	47.37
15 年以上	10.89	33.66	0.5	54.95

要城市偏好。不过不同城市居留时间的农民工在城市偏好方面仍然存在一些差异,总的来说,城市居留时间越久的农民工大城市偏好和外省城市偏好更明显。

(二) 智力型迁移农民工永久迁移意愿更强

表 3-12 显示,不同迁移类型农民工的永久迁移城市意愿表现出一定差异。智力型迁移农民工的永久迁移意愿最强,78.25%选择将来在城市定居。其次为投资型迁移农民工,61.9%选择将来在城市定居。体力型迁移农民工的永久迁移意愿最弱,58.99%选择将来在城市定居。智力型迁移农民工在城市最受欢迎,是城市所吸引的高学历或高技能人才,在城市享有较高的职业地位,也获得城市社会管理和公共服务体制更多关照,加之他们对城市生活的适应性较强,所以表现出最强的永久迁移意愿。实际上,这一群体也是最有条件市民化的群体。投资型迁移农民工可能城市制度嵌入程度不深,文化程度也不如智力型迁移农民工,但是他们不同于体力型迁移农民工,不安分于在工厂从事体力劳动,具有较为精明的头脑和市场敏感性,他们中的相当大一部分从事自雇行业,甚至还雇用其他劳动者,市场支付能力较强,所以永久迁移意愿也高出体力型迁移农民工。

表 3-12　迁移类型与农民工永久迁移意愿的相关性分析(%)

迁移类型	老家/乡镇	城市
体力型迁移	41.01	58.99
智力型迁移	21.75	78.25
投资型迁移	38.1	61.9

表 3-13 显示了迁移类型与农民工永久迁移城市偏好之间的关系,从中可以看出,不同迁移类型农民工总是偏好大城市和省内城市,所不同的是,智力型迁移和投资型迁移农民工偏好大城市和外省城市的比例更高一些,体力型迁移农民工偏好老家县城或地级市的比例更高。这一点也比较容易理解,对智力型迁移农民工而言,大城市的教育回报率更高[①]。对投资型迁移农民工而言,大城市意味着更多的消费人群和更多的市场机会。体力型迁移农民工则被制度和市场双重挤压,处于城市边缘位置。

表 3-13 迁移类型与农民工永久迁移城市偏好的相关性分析(%)

迁移类型	老家县城/地级市	省内省会城市	外省中小城市	外省省会城市
体力型迁移	26.18	32.69	3.05	38.09
智力型迁移	21.3	32.67	4.87	41.16
投资型迁移	20	33.85	0.51	45.64

(三) 举家迁移提升了农民工永久迁移意愿

表 3-14 显示,举家迁移对农民工的永久迁移城市意愿具有重要影响,那些和家人一起迁移到城市工作和生活的农民工选择城市定居的比例更高。家庭化是当前人口迁移的重要趋势[②],特别是举家迁移的农民工,减少了与农村社会的联系,改变了生活重心,所以表现出更强的永久迁移意愿。

---

① 杜两省、彭竞:《教育回报率的城市差异研究》,《中国人口科学》2010 年第 5 期,第 85—94 页。
② 周皓:《中国人口迁移的家庭化趋势及影响因素分析》,《人口研究》2004 年第 6 期,第 60—69 页。

表 3-14　是否举家迁移与农民工永久迁移意愿的相关性分析(%)

是否举家迁移	老家/乡镇	城市
非举家迁移	35.43	64.57
举家迁移	29.61	70.39

表 3-15 显示,举家迁移对农民工的城市定居偏好具有一定影响。举家迁移的农民工选择将来在大城市定居的比例更高,其中有47.6%愿意选择在外省省会城市定居,非举家迁移的农民工选择老家县城或地级市的比例更高。非举家迁移的农民工中,有些人不能够完全支付在大城市生活的成本,也会退而求其次,选择将来在老家县城或地级市定居。

表 3-15　是否举家迁移与农民工永久迁移城市偏好的相关性分析(%)

是否举家迁移	老家县城/地级市	省内省会城市	外省中小城市	外省省会城市
非举家迁移	25.42	32.66	3.62	38.29
举家迁移	15.13	35.42	1.85	47.6

五、区域特征与农民工永久迁移意愿

(一) 本地农民工永久迁移意愿更强

表 3-16 显示本地农民工和外来农民工的永久迁移意愿及其差异,从中可以发现,本地农民工永久迁移意愿更强,77.72%选择将来在城市定居,外来农民工的永久迁移意愿更弱,64.47%选择将来在城市定居。无论从经济、社会还是文化方面讲,与外来农民工相比,

本地农民工都面临更小的城市化障碍。在当前基于户籍的城市社会管理和公共服务政策框架下,同一个省份或城市的农民和市民的政策待遇最好统筹①,本地农民也最先享受到了城市经济向外辐射所带来的福利,占得了市场先机。在生活方式上,本地农民工也更容易适应城市,甚至更快实现同化。

表 3-16 户籍来源地与农民工永久迁移意愿的相关性分析(%)

户籍来源地	老家/乡镇	城市
外来	35.53	64.47
本地	22.28	77.72

表 3-17 显示了不同地域农民工的城市偏好,从中可以发现,无论是本地农民工还是外来农民工都偏好大城市和省内城市,不过本地农民工愿意迁移本省城市和大城市的比例更高一些。61.54%的本地农民工选择永久迁移本省城市,高出外来农民工约 5 个百分点;83.22%的本地农民工选择大城市,高出外来农民工约 11 个百分点。值得注意的是,外来农民工有近 25%选择将来在老家县城或地级市定居,这意味着返回老家非农务工并在城市生活可能是外来农民工的重要选择之一。在本地务工意味着本地经济社会发展状况较好,城乡之间的生活水平差距较小,中小城市与其家乡并没有表现出明显不同,小城市难以对本地农民工产生很强的吸引力。而迁移到本省省会城市,既可以保证其享受到大城市的各种资源,又能够继续维持与家乡的各种联系。这一结果体现了市场和文化的交织作用。对外来农民工而言,省内城市经济发展情况要比外省市差,本地劳动力

---

① 我们于张家港实地调查时发现,在东部沿海发达地区,城乡一体化发展水平已经很高,农民的生活质量甚至超过城市居民。

市场更容易饱和,所以他们不远千里,涌入外省大城市,但是他们自视为外省大城市的匆匆过客,一旦年老体衰,相当大一部分会选择回到老家。

表 3-17　户籍来源地与农民工永久迁移城市偏好的相关性分析(%)

户籍来源地	老家县城/地级市	省内省会城市	外省中小城市	外省省会城市
外来	24.74	31.53	3.14	40.58
本地	11.89	49.65	4.9	33.57

(二) 来自中部和东部的农民工永久迁移意愿更强

表 3-18 显示了不同来源地农民工永久迁移意愿及其比较结果,来自中部和东部的农民工永久迁移意愿差别不大,但高于来自西部的农民工约 6 个百分点。也就是说,与来自中部和东部的农民工相比,来自西部的农民工永久迁移意愿更弱一些。"孔雀东南飞"基本上准确描绘了改革开放以来中国人口流动的趋势,中国西南和西北的人口大量向东南沿海特别是长三角与珠三角地区流动。但是与来自中部和东部的农民工相比,来自西部的农民工迁移距离更长,融入迁入城市所面临的挑战和困难更多,一定程度上削弱了其永久迁移意愿。

表 3-18　来源地与农民工永久迁移意愿的相关性分析(%)

来源地	老家/乡镇	城市
西部	38.66	61.34
中部	32.49	67.51
东部	32.55	67.45

表 3-19 呈现了不同来源地农民工的城市偏好及其比较结果,从中可以发现,来自不同地区的农民工都表现出大城市偏好,不过来自西部的农民工选择省内省会城市定居的比例最高,为 53.67%,来自中部的农民工选择外省省会城市定居的比例最高,为 53.12%,来自东部的农民工选择老家县城或地级市定居的比例最高,为 24.71%。此外,来自西部的农民工对省内城市偏好最强,其次为东部,来自中部的农民工对省外城市的偏好超过了省内城市。国家统计局近几年发布的农民工动态监测报告显示,中部地区农民工跨省流动最多,这一重要流动特征决定了他们选择外省省会城市居住的比例较高。东部地区县城或地级市发展具有较强的自主性,在经济社会发展和公共服务资源方面与省会城市差别不至于很大,所以来自东部的农民工选择省内省会城市和省内中小城市定居的比例相差较少,而中西部地区省会城市在经济、社会、文化、医疗、教育等服务资源方面占有优势,远非中小城市所能比,自然对本地农民工产生了强大吸引力。

表 3-19 来源地与农民工永久迁移城市偏好的相关性分析(%)

来源地	老家县城/地级市	省内省会城市	外省中小城市	外省省会城市
西部	22.72	53.67	3.56	20.04
中部	23.44	20.8	2.64	53.12
东部	24.71	32.56	4.36	38.37

六、小　结

本章对农民工的永久迁移城市意愿和城市偏好的基本情况及其内部差异进行了描述、统计、分析,主要研究发现如下。

农民工永久迁移意愿较强,近三分之二的农民工表示将来愿意在城市定居和生活,这将给城市社会管理和公共服务带来巨大的挑战,从中央政府到地方政府,特别是迁入地政府要做好充分的准备并进行积极的政策设计。不过,我们也看到,还有约三分之一的农民工基于各种考虑选择将来返回老家农村生活。对于这部分人选择返乡的发展意愿,也应该给予充分的尊重。当前一些地方政府的城镇发展战略和规划比较激进,甚至出现了强制"农民上楼"[1]的社会现象,这与农民工的永久迁移意愿的实际状况严重不符合,亟须纠正。

农民工表现出较强的大城市偏好和省内城市偏好。在那些表示愿意永久迁移城市的农民工群体中,约有四分之三选择将来在省会城市定居和生活,选择中小城市的比例约为四分之一,足见农民工永久迁移的大城市偏好和省内城市偏好。与中小城市相比,大城市拥有更多的就业岗位和发展机遇,还有优良的基础设施和完善的公共服务,这些对农民工来说都产生强大的拉力。纵使当下大城市的户籍管理制度日趋收紧,绝大多数农民工还是顽强地留下来,这是强大的市场力量使然。省内城市偏好则一方面反映出省内迁移成本较低,另一方面反映出情感和文化对农民工迁移意愿的影响。一般来说,如果在省内城市能够谋求到好的就业岗位,绝大多数农民工不会选择到省外城市,因为那意味着更多的风险和不确定性。相比之下,他们更倾向于在自己比较熟悉的社会文化环境中生活。省内迁移可以避免语言和生活习惯的过分转换所带来的不适应感[2]。

---

[1] 周飞舟、王绍琛:《农民上楼与资本下乡:城镇化的社会学研究》,《中国社会科学》2015年第1期,第66—83页。
[2] 孙中伟:《农民工大城市定居偏好与新型城镇化的推进路径研究》,《人口研究》2015年第5期,第82页。

不同个体特征、家庭特征、迁移特征和区域特征的农民工在永久迁移意愿方面存在内部差异。从个体特征来看，女性、新生代、未婚、高学历的农民工永久迁移意愿更强，并且均表现出大城市偏好和省内城市偏好。差异在于，女性农民工选择迁移省内省会城市比例高于男性，男性农民工选择迁移老家县城或地级市比例高于女性。新生代农民工选择省内省会城市和老家县城或地级市的比例高于老一代，老一代农民工选择外省省会城市的比例高于新生代。已婚农民工选择迁移外省省会城市的比例高于未婚者，未婚农民工选择迁移老家县城或地级市的比例高于已婚者。初中及以下学历农民工选择迁移外省省会城市的比例高于高中和大专及以上学历农民工，大专及以上学历农民工选择省内省会城市的比例高于高中及以下学历农民工，高中学历农民工选择迁移老家县城或地级市的比例高于初中及以下学历农民工和大专及以上学历农民工。

从家庭特征来看，家庭年收入越高，农民工永久迁移意愿越强。低收入家庭的农民工选择迁移省内省会城市的比例高于中高收入家庭，中等收入家庭的农民工选择迁移老家县城或地级市的比例高于低收入和高收入家庭，高收入家庭的农民工选择迁移外省省会城市的比例高于中低收入家庭。土地构成农民工永久迁移城市的重要障碍，家中有土地的农民工迁移意愿较弱。老家相对社会地位越高，农民工永久迁移意愿越强，选择迁移外省省会城市的比例越高；老家处于中等和中下社会地位的农民工选择老家县城或地级市的比例高于中上社会地位农民工；老家处于中下社会地位的农民工选择省内省会城市的比例高于中等和中上社会地位农民工。

从迁移特征来看，迁移时间对农民工永久迁移意愿呈倒 U 形影响，即农民工永久迁移意愿随着迁移时间经历了一个先升后降的发展趋势。无论城市居留时间长短,农民工均表现出较强的大城市偏好,不过迁移时间越久的农民工大城市偏好和省内城市偏好比例越高。智力型迁移农民工的永久迁移意愿强于投资型迁移农民工,投资型迁移农民工的永久迁移意愿强于体力型迁移农民工。不同迁移类型的农民工均表现出大城市和省内城市偏好。智力型和投资型迁移农民工选择迁移大城市和外省省会城市的比例高于体力型迁移农民工,体力型迁移农民工选择迁移老家县城或地级市的比例高于智力型和投资型迁移农民工。举家迁移农民工的永久迁移意愿更强,且选择迁移大城市的比例高于非举家迁移农民工,非举家迁移农民工选择迁移老家县城或地级市的比例高于举家迁移者。

从区域特征来看,本地农民工永久迁移意愿更强,本地农民工和外来农民工均表现出大城市偏好和省内城市偏好。本地农民工选择迁移省内省会城市的比例高于外来农民工,外来农民工选择迁移老家县城或地级市和外省省会城市的比例均高于本地农民工。来自中部和东部的农民工永久迁移城市意愿更强,不同来源地的农民工均表现出强烈的大城市偏好。差别在于,来自西部的农民工选择迁移省内省会城市的比例最高,来自中部的农民工选择迁移外省省会城市的比例最高,来自东部的农民工选择迁移老家县城或地级市的比例高于来自中西部的农民工。

第四章
脱嵌型劳动关系与农民工永久迁移意愿

本章主要探讨城市劳动力市场嵌入状况对农民工永久迁移意愿的影响。首先,确立城市劳动力市场嵌入对农民工永久迁移意愿影响的分析框架,并对变量设置和分析策略做出说明。其次,描述农民工脱嵌型劳动关系现状。最后,基于调查数据检验脱嵌型劳动关系对农民工永久迁移意愿的影响。

一、研究假设与变量测量

(一) 研究假设

就业是民生之本,对农民工来说尤其如此,在城市找到一份安稳的工作是农民工进城的主要目的,也是其嵌入城市的第一步。工作象征了农民工在城市的主要身份和社会地位。如蔡禾所说,就业权是农民工的基础性权利,围绕就业权的工资收入、工作时间、社会保险和劳动保护,构成农民工的"底线型"利益[1]。无论是对于寻求生

---

[1] 蔡禾:《从"底线型"利益到"增长型"利益——农民工利益诉求的转变与劳资关系秩序》,《开放时代》2010年第9期,第38页。

存的第一代农民工,还是对于寻求发展的第二代农民工来说,这一结论大体上都是适用的。但是,这一基本的经济需求在城市并不能够很顺利地实现。农民工从最初作为城镇劳动力市场的补充者,到现在构成了城镇劳动力市场的主力军,但其处于城镇劳动力市场边缘这一基本事实没有发生根本性改变。值得一提的是,具有一定解释力的劳动力市场分割理论在中国必须经过修正,才有用武之地,即必须洞察到户籍是劳动力市场分割的主要依据。农民工在城镇劳动力市场上的弱势地位主要表现为:

第一,农民工就业层次较低,职业流动性强,职业地位难以提升。农民工在城市主要是制造行业中的一线操作工和二线辅助工,或者是劳动密集型行业中的服务人员,只有较少部分农民工从事专业技术工作和商业贸易工作[1]。他们工作流动性非常强,就业稳定性很差。清华大学社会学系发布的调查报告显示,三分之二的农民工有过更换工作的经历,四分之一在近7个月内更换了工作,一半在两年内更换过工作,平均每份工作持续时间为两年。调查还发现,农民工"短工化"趋势越发明显,2008年开始上份工作的农民工,工作平均持续时间只有2004年开始上份工作的农民工的一半左右。[2]新生代农民工的就业稳定性状况更差,中华全国总工会的一项调查显示,新生代农民工外出务工平均每年变换工作0.26次,远远超出老一代农民工的0.09次[3]。然而,频繁更换工作并未带来农民工职业地位的显著提升。陆文荣等基于长三角7个城市的调查数据分析显示,只

---

[1] 陆文荣、何雪松、段瑶:《新生代农民工:发展困境及出路选择》,《学习与实践》2014年第10期,第103页。
[2] 清华大学社会学系:《农民工"短工化"就业趋势研究报告》,2012年2月8日。
[3] 全国总工会新生代农民工问题课题组:《关于新生代农民工问题的研究报告》,《工人日报》2010年6月21日,第1版。

有 9.7% 的新生代农民工实现了从生产操作岗位到专业技术岗位或管理岗位的转变①。这基本验证了符平和唐有财的发现,即农民工虽然尝试通过职业变动来实现社会地位的向上流动,结果却是职业的横向变动和复制,甚至出现逆向选择或向下流动的情况②。

第二,农民工的社会保障和福利待遇较差,职业满意度较低。近些年,中央和地方政府在推动农民工社会保险发展中扮演了积极角色,很多地方农民工参加社会保险的比例有所上升,并且一些农民工比较集中的城市还尝试推动外来务工人员与本地城市居民社会保险的一体化发展。但是,农民工的社会保险覆盖面依然有限,更为关键的是社会保险在农民工社会生活中不能够起到很好的社会保障作用。所以,一些地方的农民工甚至拒绝缴纳社会保险,从深层次反映出当前农民工社会保障制度设计的不完善和不健全。与社会保险相比,因为更多受制于企业管理制度,缺少国家层面的统一政策规定(硬约束),农民工的其他福利待遇享有状况更差。调查显示,只有极低比例的农民工享受病假工资、带薪休假和产假工资等福利待遇③。作为农民工与城市劳动力市场的制度化的连接,社会保障和福利待遇显然是农民工劳动力市场嵌入的主要指标,并且会影响到其离职意愿,进而影响永久迁移城市行为。职业满意度是员工对自身当前就业状态的主观判断,是员工就业状况的主观反映,较高的职业满意度反映了员工个体与劳动力市场的融洽状态,能带来职业的稳定以及在城市生活的长远预

---

① 陆文荣、何雪松、段瑶:《新生代农民工:发展困境及出路选择》,《学习与实践》2014 年第 10 期,第 104 页。
② 符平、唐有财:《倒"U"型轨迹与新生代农民工的社会流动——新生代农民工的流动史研究》,《浙江社会科学》2009 年第 12 期,第 43—49、128 页。
③ 陆文荣、何雪松、段瑶:《新生代农民工:发展困境及出路选择》,《学习与实践》2014 年第 10 期,第 106 页。

期。但是,糟糕的就业状态使得农民工职业满意度较低。研究显示,农民工对收入、薪酬公平、福利水平和劳动权益等普遍表现出不满意[①]。

第三,农民工劳动权益遭受侵犯却缺少制度化维权通道。劳动合同是国家法律强制规定的约束劳资双方基本权利和义务的规范和准则,是劳动权益的首要之义,是稳定的劳动关系的重要保证,也有助于保护员工基本权益。对员工个体来说,这还是一种稳定的心理契约,带来工作依附感,形成稳定的雇佣关系。但是,农民工劳动合同签订情况仍然不理想。调查显示,61.6%的老一代农民工和54.4%的新生代农民工没有与单位或雇主签订劳动合同[②]。劳动合同的缺失使得农民工在城市劳动力市场陷入更大的不确定性中。除了劳动合同,在工资拖欠、超时劳动、冒险作业、工伤和职业病等方面,亦存在诸多风险。政府虽然三令五申不准拖欠农民工工资,但是仍有一些用工企业明知故犯,特别是在建筑行业,存在严重的拖欠农民工工资现象,引发新的社会矛盾。此外,在大多数制造行业和低端服务业领域,隐性拖欠工资[③]普遍存在。农民工超时劳动更是普遍,调查显示,农民工每天劳动时间远远超过8小时,接近三分之一的农民工每天劳动时间超过10个小时,且三分之二不能够享受周末双休,加班作业成了农民工工作过程中的家常便饭[④]。一些农民工的工作环境

[①] 张宁俊、兰海、袁梦莎:《新生代农民工脱嵌性劳动关系研究》,《中国劳动》2015年第6期,第50页。
[②] 罗恩立:《我国农民工就业能力及其城市化效应研究》,博士学位论文,复旦大学,2012年,第45页。
[③] 隐性拖欠工资是指当月工资到下个月发放,恰好克扣一个月工资。
[④] 刘林平、郑广怀、孙中伟:《劳动权益与精神健康——基于对长三角和珠三角外来工的问卷调查》,《社会学研究》2011年第4期,第174页;罗恩立:《我国农民工就业能力及其城市化效应研究》,博士学位论文,复旦大学,2012年,第45页;陆元荣、何雪松、段瑶:《新生代农民工:发展困境及出路选择》,《学习与实践》2014年第10期,第104页。

存在危害性,他们不得不面对有害物质和噪声的侵害,从而引发频繁工伤和职业病高发。

在以往农民工迁移城市的研究中,上述就业状况的影响也受到足够关注。就业状况一般被看作农民工在经济层面融入城市的主要表征,在城市,较好的就业状态意味着较好的经济融入,也会促使农民工做出永久迁移城市的决定。不过这一视角的研究呈现出碎片化特征,缺少一个统一的分析框架,主要从就业状况的某一侧面切入,对农民工永久迁移做影响分析,比如工资报酬、福利待遇、职业地位、就业稳定性、社会保障等因素。普遍的结论是,由于处于城镇次级劳动力市场,农民工就业层次较低,工资福利较差,社会保障缺乏,晋升机会有限,工作变动频繁,削弱了其永久迁移城市的意愿。

受工作嵌入理论与相关实证研究启发,本书尝试发展出一个一般性的概念来探讨城市就业状况对农民工永久迁移城市意愿的影响。本书认为,劳动力市场是农民工城市嵌入的一个非常重要的场域(客体),农民工永久迁移意愿取决于农民工在城市劳动力市场的嵌入程度。前述关于农民工在城市的就业状态都从某一侧面反映了这种嵌入性,但还不够全面,更没有一个一般性的分析概念来涵括这些就业状况。本书认为,脱嵌型劳动关系可以充当这一分析性概念,并且可以和"嵌入性"理论及相关实证研究对接起来。当前国内学术界已经有人使用这一概念做了一些初步分析工作。孙中伟和杨肖锋借鉴工作嵌入理论研究农民工离职意愿时,曾把当前农民工的雇佣关系称作"脱嵌型雇佣关系",即"雇佣关系的主体、形式和内容不再受到企业内部人际关系、组织结构、制度安排以及工作场所之外的社区、城市的社会连接和文化风俗、社会制度及公共服务等因素的制约"①。张宁俊等的定义与之基本类似，并专门研究了新生代农民工的脱嵌性劳动关系，指出："所谓脱嵌性劳动关系，是指由于新生代农民工本身身份特殊性，以及企业对新生代农民工歧视性用工，新生代农民工在劳动关系主体、内容、形式上较少受企业内部员工关系、组织结构、企业文化、企业制度约束，以及较少受工作场所之外的社区、务工所在城镇的社会联结、文化习俗和公共服务的制约，也就是他们的劳动关系在一定程度上游离于传统的组织内外制度的保护之外。"②该研究把新生代农民工脱嵌性劳动关系操作化为4个维度：经济脱嵌性、组织脱嵌性、文化脱嵌性和制度脱嵌性(共10个指标)。

当研究聚焦于离职倾向及其影响因素，同时顾及工作内外因素时(特别是把城市社区的因素考虑进来)，会提升研究的解释力。但是当我们聚焦于永久迁移城市及其影响因素，并且探讨城市劳动力市场嵌入程度对农民工永久迁移影响时，考虑到研究的整体分析架构，本书尝试建构一个比较纯粹的"脱嵌型劳动关系"分析概念，主要考虑农民工个体与城镇劳动力市场发生的各种制度与非制度化联系，即被城市劳动力市场各种制度和关系结构约束而暂时剥离劳动力市场之外的城市社区的各种影响因素。城市社区作为农民工嵌入的另外一个客体(或说场域)，不仅会直接影响农民工的离职意愿，进而影响农民工选择永久迁移城市还是返回老家农村，而且会独立作用于农民工的永久迁移城市的意愿，我们会在下一章单独展开分析。

---

① 孙中伟、杨肖锋：《脱嵌型雇佣关系与农民工离职意愿——基于长三角和珠三角的问卷调查》，《社会》2012年第3期，第121页。
② 张宁俊、兰海、袁梦莎：《新生代农民工脱嵌性劳动关系研究》，《中国劳动》2015年第6期，第49页。

第四章 脱嵌型劳动关系与农民工永久迁移意愿

借鉴工作嵌入理论对员工离职意愿的分析,本书尝试从劳动力市场嵌入角度对农民工永久迁移城市意愿展开分析。劳动力市场嵌入就像一张网,这张网会将农民工卡住(stuck),是农民工不愿意脱离城镇劳动力市场的综合性因素,可从连接、适应和代价3个维度进行测量。总的假设是,劳动力市场嵌入程度越强,农民工永久迁移城市的意愿越强。本书对农民工劳动力市场嵌入的测量仍然从3个层面展开:

连接:连接是个体与城镇劳动力市场发生的正式和非正式的联系。嵌入性视角认为,个体与城镇劳动力市场的联系越多、越紧密,受到劳动力市场的束缚程度就越高,也就越不可能离开城市。本书把这种连接区分为正式制度连接和非正式关系连接两个方面。

农民工与劳动力市场的制度连接主要表现为签订劳动合同和参与工会生活。劳动合同是农民工与企业确立的结构化关系,明确了双方的权利和义务关系,是稳定的劳动关系的重要保证,也有助于保护农民工基本权益,可以看作制度连接的主要方面。与企业签订劳动合同的农民工,不能随意离职,也不能随意被企业开除,是一种稳定的心理契约,造成了工作依附感,形成稳定的雇佣关系。工会作为现代工人的正式组织形态,是大规模工业化生产之后劳动力市场的一种重要制度设计,作为农民工从农村迁移到城市之后的一种新的社会团结方式(业缘关系),是城镇劳动力市场的重要利益主体,开展与资方和地方政府的各种博弈,所以可被视作农民工与城镇劳动力市场的又一重要制度连接。加入工会也体现了进城农民对自己新的社会身份——现代产业工人的认知觉醒,标志着其对城镇劳动力市场的嵌入进一步加深。由此得到以下假设:

假设4.1:与城镇劳动力市场的制度连接程度越高,农民工永久迁移城市意愿越强。

假设 4.1a：签订劳动合同的农民工永久迁移城市意愿更强。

假设 4.1b：参与劳动合同协商的农民工永久迁移城市意愿更强。

假设 4.1c：参加企业工会的农民工永久迁移城市意愿更强。

关系连接是指农民工在城市的社会关系网络。社会关系网络具有工具性价值和规范性价值，能够为农民工提供实际的物质、信息等支持，也能够产生一种天然的亲近感和一体感，是工作嵌入研究中的核心指标。农民工在企业内积聚的社会关系网络能够有助于其稳定工作，增强工作适应力。研究表明，农民工的实际工作技能的获得主要通过朋友之间的传授，在面对制度歧视和社会排斥的关键时刻，他们还能抱团取暖。近年来有研究揭示，企业内社会支持能够降低个人的心理健康风险。总之，社会关系网络既能够提供资源，也会约束农民工的行动。不过，也有研究显示，农民工在企业嵌入的社会关系网络会有不同的影响。因此，本书做出以下假设：

假设 4.2：与城镇劳动力市场的关系连接程度越高，农民工永久迁移城市意愿越强。

假设 4.2a：企业朋友数量越多，农民工永久迁移城市意愿越强。

假设 4.2b：企业老乡数量越多，农民工永久迁移城市意愿越强。

假设 4.2c：与单位同事良好的交往有利于加强农民工永久迁移城市意愿。

适应：适应是指个体与企业及其所在环境的适应性或相容性，表现在个体价值观、知识和技能与组织或所在环境的要求相匹配。适应性越好，个体对企业及其环境的依赖性越强，甚至会产生比较强的归属感。同样，农民工对企业和所在劳动力市场的适应或匹配也会提高其嵌入程度，从而促进其永久迁移城市。工作满意度通常被用来测量这种适应程度,工作满意度越高,表明适应性越好[①]。本书认为,和农民工永久迁移城市意愿一样,工作满意度也是一项主观性较强的指标,所以本书选取劳动权益作为替代性解释变量。个体与企业及城镇劳动力市场的适应或匹配应该是双向的,即个体要适应企业的工作要求,同时企业要满足个体的基本生理和心理需要,劳动权益是测量这种双向匹配的较好指标。劳动权益侵害的客观状况与农民工个体对劳动权益的评价均反映出个体对劳动力市场的适应性。因此得到以下假设:

假设 4.3:对城镇劳动力市场适应越强,农民工永久迁移城市意愿越强。

假设 4.3a:超时劳动会降低农民工永久迁移城市意愿。

假设 4.3b:冒险作业会降低农民工永久迁移城市意愿。

假设 4.3c:工作环境具有危害性会降低农民工永久迁移城市意愿。

假设 4.3d:劳动权益评价状况越好,农民工永久迁移城市意愿越强。

代价:代价是指员工离职所带来的物质利益和社会心理上的预期利益的损失,包括养老金、各种津贴、提拔机会等。同样,对农民工来说,离开城镇劳动力市场意味着放弃非农就业机会以及相应的工资收入和社会保险。当前,外出务工收入已经成为农民家庭收入的主要构成部分,放弃非农就业机会对农民工来说代价巨大。因此,职业地位越高,收入越高,农民工永久迁移城市的可能性就越大。此外,社会保险是指国家为了预防和分担年老、失业、疾病以及死亡等社会风险,实现社会安全,而强制社会多数成员参加的,具有所得重

[①] Mitchell, T.R., Holtom, B.C., Lee, T.W., Sablynski, C.J., and Erez, M., "Why People Stay: Using Job Embeddedness to Predict Voluntary Turnover," *Academy of Management Journal*, Vol.44, No.6(2001), pp.1102-1121.

分配功能的非营利性的社会安全制度。近几年,中央和地方政府对农民工实施了更为积极的公共服务均等化政策措施,这在社会保险方面表现得较为突出。农民工缴纳社会保险的比例与之前相比有了大幅提升,少部分农民工还享受到了城市住房公积金。但是,鉴于社会保险和住房公积金在城市之间转移的障碍,尤其是养老保险暂时还不能够在不同省市之间统筹,如果农民工选择脱离城镇劳动力市场,就意味着放弃养老保险这一长远的预期利益。同样,住房公积金对农民工永久迁移城市的作用机制也是如此。因此,本书假设:

假设 4.4:离开城镇劳动力市场的代价越大,农民工永久迁移城市意愿越强。

假设 4.4a:非农收入越高,农民工永久迁移城市意愿越强。

假设 4.4b:参加城镇社会养老保险的农民工永久迁移城市意愿更强。

假设 4.4c:享有城市住房公积金的农民工永久迁移城市意愿更强。

(二) 变量测量

1. 因变量

调查问卷通过题器"如果您不打算在本地长期定居,那您将来最愿意在哪里定居"来获取农民工永久迁移城市意愿。备选答案包括:①老家农村;②老家镇上;③老家的县城或地级市;④老家的省会城市;⑤其他中小城市;⑥其他大城市;⑦其他;⑧不清楚。本书把农民工永久迁移城市意愿分为两类:永久迁移城市(包括打算在本地长期定居和选项③④⑤⑥)与返乡(即选项①②)。为了模型分析的精确性,本书把选择"其他"和"不清楚"的农民工样本删除。

2. 自变量

本书所界定的"脱嵌型劳动关系"分析概念，主要考虑农民工个体与城镇劳动力市场发生的各种制度与非制度化联系，即城镇劳动力市场各种制度和关系结构的约束及其结果，从连接、适应和代价3个层面进行测量。

连接：通过签订劳动合同和加入企业工会测量农民工个体与劳动力市场的制度连接。问卷中测量劳动合同的题器有"您目前与本企业有没有签订书面劳动合同"，备选答案包括：①有；②没有。"您是否参与了合同的协商"，备选答案包括：①参与了；②没有参与。本书把那些签订劳动合同并且参与合同协商的被访者记为1，把没有签订劳动合同或者签订劳动合同但是没有参与合同协商的被访者记为0，是一个二分类变量。问卷测量加入工会的题器有"您所在企业是否有工会"，备选答案包括：①有工会但您非会员；②有工会，您也是会员；③没有工会；④不清楚。本书把那些企业有工会并且是会员的被访者记为1，其他记为0，是一个二分类变量。调查通过农民工务工企业老乡、朋友数量及其交往情况，来测量农民工个体与劳动力市场的非制度连接（关系连接）。问卷中测量务工企业老乡和朋友数量的题器分别是"您在目前工作的企业中，老乡的数量怎样"和"您在目前工作的企业中，朋友的数量怎样"，备选答案包括：①没有；②小部分；③一半左右；④一半多；⑤几乎都是；⑥不清楚。本书把选项"不清楚"删除掉，然后将两个变量均以定距变量形式纳入分析模型。问卷中测量农民工与朋友交往情况的题器是"您对您与同事之间的关系是否满意"和"您对您与上级管理人员之间的关系是否满意"，备选答案包括：①很不满意；②不太满意；③比较满意；④很满意。本书在模型分析时将两个变量作为定距变量处理。

适应:通过劳动权益来测量农民工对城镇劳动力市场的适应情况与匹配情况。对劳动权益的测量既包括劳动权益遭受侵害的客观情况,又包括农民工对当前劳动权益的认知和评价。问卷中测量农民工客观劳动权益状况的题器有"您在工作期间是否经历过超时劳动""您在工作期间是否经历过冒险作业""您的工作环境是否对身体有害",备选答案包括:①有;②没有。本书将3个变量全部处理为赋值0(表示没有)和1(表示有)的二分类变量。问卷中测量农民工对劳动权益认知和评价的题器有"您是否存在劳动权益遭受侵害的问题和困难",备选答案包括:①没有;②有一些;③有很多。这作为定序变量被纳入回归分析模型。

代价:将非农收入、养老保险和住房公积金缴纳情况作为测量农民工离开城市的代价的指标。问卷中测量农民工收入情况的题器是"过去半年来,您每月的平均工资/收入是多少",在将该变量纳入分析模型时,对其做对数化处理。问卷中测量农民工参加养老保险和住房公积金缴纳情况的题器是"企业是否为您缴纳了养老保险""您是否有住房公积金",均对两个变量做二分类变量处理,分别赋值0(表示否)和1(表示是)。

3.控制变量

调查对性别(男=1)做二分类变量处理,对年龄(1969年及以前=0,"70后"=1,"80后"=2,"90后"=3)做定类变量处理,对受教育程度(初中及以下学历=0,高中同等学力=1,大专及以上学历=2)做定类变量处理,对婚姻状况(已婚=1)做二分类变量处理,对来源地(西部=0,中部=1,东部=2)做定类变量处理,对流入城市(天津=0,上海=1,广州=2,武汉=3,成都=4,兰州=5,哈尔滨=6)及企业性质(国企=1)做二分类变量处理。

表 4-1　脱嵌型劳动关系的变量测量

变　量		定　义
制度连接	劳动合同	与所在企业签订书面劳动合同(是＝1)
	合同协商	参与劳动合同内容协商(是＝1)
	加入工会	参加企业工会(是＝1)
关系连接	企业朋友数量	所在企业中朋友数量(连续型变量)
	企业老乡数量	所在企业中老乡数量(连续型变量)
	与同事交往困难	工作和生活中与同事交往存在问题和困难(是＝1)
适应	超时劳动	于所在企业经历过强迫加班(是＝1)
	冒险作业	于所在企业经历过冒险作业(是＝1)
	工作环境具有危害性	所在企业工作环境对身体有害(是＝1)
	对劳动权益有意见	存在劳动权益侵害的问题和困难(是＝1)
代价	非农收入	过去半年来的工资或经营收入(元)
	养老保险	所在企业缴纳养老保险(是＝1)
	住房公积金	享受城市住房公积金(是＝1)

(三) 分析策略

本章将首先描述农民工脱嵌型劳动关系的主要表现,并重点比较农民工和城镇居民及新生代农民工和老一代农民工在劳动关系方面的差异,主要使用 Stata 软件的交叉分析和方差分析技术。其次,我们将使用 logit 回归分析技术来探讨脱嵌型劳动关系对农民工永久迁移意愿的影响,把选择返乡作为参照组,构建 5 个回归方程,在控制变量的基础上逐步把劳动力市场嵌入的具体测量指标放进模型。

二、脱嵌型劳动关系的描述性分析及其比较

表4-2提供了按照户籍和代际区分的农民工的城市劳动力市场嵌入状况,从中可以看出:

在与城镇劳动力市场的制度连接方面,57%的农民工与所在企业签订劳动合同,其中41%参与了劳动合同内容的协商,均低于城镇户籍工人。这意味着可能16%的劳动合同没有真实反映农民工的意愿和期待,流于形式。在政府三令五申之下,企业不得不与农民工签订劳动合同,以在形式上满足政策要求,但是农民工在劳动合同签订中的主观参与仍然较少。农民工加入企业工会的比例非常低,为6.3%,只有城镇户籍工人的一半不到,这显示了工会在农民工生产和生活中的严重缺位。从劳动合同签订和加入工会情况来看,农民工和城镇劳动力市场的连接非常脆弱。新生代农民工与城镇劳动力市场的制度连接更加紧密,在劳动合同签订和参与工会方面都比老一代农民工表现得更为出色。

在与城镇劳动力市场的关系连接方面,农民工于所在企业聚集了一部分老乡,也结识了新的朋友,从数量上来看,这种社会关系资本超过了城镇户籍工人,但是仍然有16%的农民工与同事交往存在困难。老乡关系和基于工作形成的新的业缘关系构成了农民工与城镇劳动力市场的主要非制度连接方式。

在城镇劳动力市场的适应方面,63%的农民工经历过超时劳动,30%经历过冒险作业,17%所在工作环境具有危害性,均超过城镇户籍工人。这些数据显示出当前农民工的劳动权益状况仍然不容乐观,

表 4-2 农民工脱嵌型劳动关系的描述性统计

	城镇户籍工人 均值或比例	城镇户籍工人 标准差	农民工 均值或比例	农民工 标准差	老一代 均值或比例	老一代 标准差	新生代 均值或比例	新生代 标准差
劳动合同	0.744	0.436	0.567	0.495	0.464	0.499	0.611	0.487
合同协商	0.445	0.497	0.411	0.492	0.343	0.475	0.434	0.495
加入工会	0.155	0.362	0.063	0.244	0.044	0.207	0.074	0.263
企业朋友数量	2.086	1.006	2.301	1.099	2.502	1.167	2.218	1.060
企业老乡数量	1.751	0.808	2.032	0.961	2.263	1.051	1.935	0.904
与同事交住困难	0.172	0.377	0.161	0.367	0.118	0.323	0.186	0.389
超时劳动	0.407	0.491	0.632	0.482	0.792	0.405	0.537	0.498
冒险作业	0.244	0.429	0.300	0.458	0.325	0.468	0.286	0.452
工作环境具有危害性	0.105	0.228	0.166	0.269	0.178	0.290	0.161	0.260
对劳动权益有意见	0.012	0.110	0.017	0.129	0.013	0.117	0.018	0.136
非农收入	4 166.688	10 348.460	3 437.942	3 380.357	3 503.486	4 151.730	3 399.319	2 829.840
养老保险	0.577	0.494	0.306	0.461	0.152	0.359	0.397	0.489
住房公积金	0.258	0.437	0.081	0.273	0.018	0.133	0.118	0.323

这也是农民工与城镇劳动力市场不适应不协调的主要表现。与老一代农民工相比,新生代农民工的劳动权益状况已经有了一定程度的改观,在超时劳动、冒险作业和工作环境具有危害性等客观指标方面的占比均低于老一代农民工。但是,新生代农民工对劳动权益的负面评价却超过了老一代农民工,表现出他们强烈的维权意识。

在脱离城镇劳动力市场的代价方面,农民工的平均月收入在3 438元,低于城镇户籍工人约700元,新生代农民工的收入水平略低于老一代。31%的农民工缴纳社会养老保险,只有城镇户籍工人的一半左右。享受城市住房公积金的农民工的比例更低,只有不到10%,远低于城镇户籍工人。新生代农民工缴纳社会养老保险和享受城市住房公积金的比例均高于老一代。

三、脱嵌型劳动关系对农民工永久迁移意愿的影响

表4-3给出了脱嵌型劳动关系对农民工永久迁移意愿的影响结果,包括5个模型:模型1是基准模型,主要控制农民工个体特征和区域特征;模型2在模型1基础上纳入农民工劳动合同签订情况和参加工会情况;模型3在模型1基础上纳入企业老乡数量、朋友数量以及与同事交往实际情况等变量;模型4在模型1基础上纳入客观劳动权益和农民工对劳动权益主观认知变量;模型5在模型1基础上纳入非农收入、社会养老保险和住房公积金变量。考虑到自变量的共线性问题,我们使用制度连接、关系连接、适应、代价分别对农民工永久迁移意愿做回归分析模型。主要发现如下:

表 4-3　脱嵌型劳动关系对农民工永久迁移意愿影响的回归分析

	永久迁移＝1				
	模型 1	模型 2	模型 3	模型 4	模型 5
男性	−0.113+	−0.282*	−0.202*	−0.138+	−0.182*
	(0.100)	(0.153)	(0.131)	(0.129)	(0.106)
"70 后"	0.557***	0.098	0.404**	0.436**	0.480***
	(0.142)	(0.250)	(0.198)	(0.197)	(0.145)
"80 后"	0.931***	0.455*	0.752***	0.776***	0.812***
	(0.146)	(0.252)	(0.196)	(0.196)	(0.150)
"90 后"	1.054***	0.392	0.858***	0.892***	0.984***
	(0.183)	(0.293)	(0.234)	(0.233)	(0.186)
高中	0.540***	0.615***	0.528***	0.531***	0.455***
	(0.120)	(0.176)	(0.149)	(0.149)	(0.123)
大专及以上	1.505***	1.552***	1.543***	1.483***	1.335***
	(0.169)	(0.216)	(0.199)	(0.192)	(0.178)
已婚不同城	−0.276	−0.543*	−0.372*	−0.322	−0.300
	(0.181)	(0.282)	(0.225)	(0.223)	(0.183)
已婚且同城	0.052	−0.015	0.080	0.117	0.013
	(0.142)	(0.209)	(0.177)	(0.175)	(0.144)
来自中部	0.306*	0.195	0.280	0.267	0.291*
	(0.163)	(0.229)	(0.202)	(0.201)	(0.164)
来自东部	0.301*	0.217	0.034	0.042	0.272
	(0.179)	(0.246)	(0.217)	(0.215)	(0.181)
上海	−0.657***	−0.741***	−0.753***	−0.740***	−0.746***
	(0.174)	(0.246)	(0.227)	(0.226)	(0.178)
广州	−0.647***	−0.955***	−0.589***	−0.616***	−0.652***
	(0.172)	(0.255)	(0.210)	(0.209)	(0.174)
武汉	−0.531***	−0.556*	−0.709***	−0.660***	−0.545***
	(0.193)	(0.304)	(0.248)	(0.248)	(0.196)
成都	−0.376*	−0.570*	−0.631**	−0.605**	−0.377*
	(0.219)	(0.302)	(0.282)	(0.279)	(0.222)
兰州	−0.023	−0.131	−0.034	0.009	−0.008
	(0.226)	(0.370)	(0.311)	(0.308)	(0.229)
哈尔滨	0.488**	0.821**	0.398	0.433	0.455**
	(0.206)	(0.400)	(0.281)	(0.278)	(0.207)
国企	0.078	−0.127	−0.014	−0.021	0.040
	(0.142)	(0.181)	(0.154)	(0.152)	(0.145)

续表

	永久迁移=1				
	模型1	模型2	模型3	模型4	模型5
劳动合同		−0.150			
		(0.232)			
合同协商		0.272*			
		(0.153)			
加入工会		0.392*			
		(0.242)			
企业朋友数量			0.064		
			(0.059)		
企业老乡数量			−0.084		
			(0.068)		
与同事交往困难			−0.517***		
			(0.153)		
超时劳动				0.236+	
				(0.168)	
冒险作业				−0.291**	
				(0.132)	
工作环境具有危害性				−0.391*	
				(0.213)	
对劳动权益有意见				−0.905**	
				(0.460)	
收入对数					0.268***
					(0.096)
养老保险					0.308**
					(0.130)
住房公积金					0.001
					(0.231)
常数项	−0.261	0.509	0.278	0.185	−2.256***
	(0.264)	(0.429)	(0.373)	(0.334)	(0.757)
LR chi2	332.12	184.07	236.55	243.96	333.39
Pseudo R2	0.111 7	0.133 8	0.125 2	0.126 2	0.113 9

注:*** $p<0.01$,** $p<0.05$,* $p<0.1$,+ $p<0.15$,括号内数字为标准误。

在5个回归模型中,性别、年龄和受教育程度对农民工永久迁移城市具有稳定的正向显著影响。与男性相比,女性农民工永久迁移城市意愿更强。与1969年及以前出生的农民工相比,"70后""80后""90后"农民工永久迁移城市的意愿更强,并且"90后"农民工的永久迁移城市意愿强于"80后","80后"强于"70后"。与初中及以下学历农民工相比,高中和大专及以上学历农民工永久迁移城市意愿更强,并且大专及以上学历农民工永久迁移城市意愿强于高中学历农民工。

模型2显示,签订劳动合同对农民工永久迁移城市意愿没有显著影响,假设4.1a被拒绝。但是,参与劳动合同协商有效提升了农民工永久迁移城市意愿,假设4.1b被证实。参与劳动合同协商的农民工永久迁移城市意愿是没有参与协商者的1.3倍。加入工会也显著加强了农民工永久迁移城市意愿,假设4.1c被证实。加入工会的农民工永久迁移城市意愿是没有加入者的1.48倍。

模型3显示,所在企业老乡数量和朋友数量并未显著提升农民工永久迁移城市意愿,假设4.2a和4.2b被拒绝。但是,与同事交往的实际情况显著影响了农民工永久迁移城市意愿,假设4.2c被证实。与同事交往没有困难的农民工永久迁移城市意愿是与同事交往有困难的农民工的1.67倍。

模型4显示,超时劳动、冒险作业、工作环境具有危害性以及农民工劳动权益状况认知均显著影响了农民工的永久迁移城市意愿,不过,与我们的假设相反,超时劳动对农民工永久迁移城市具有正向影响,假设4.3a被拒绝,假设4.3b、4.3c和4.3d被证实。超时劳动的农民工永久迁移城市意愿是没有超时劳动者的1.3倍,工作不需要冒险的农民工永久迁移城市意愿是工作需要冒险的农民工的1.33

倍,工作环境没有危害性的农民工永久迁移城市意愿是工作环境具有危害性的农民工的1.47倍,对劳动权益有意见的农民工永久迁移城市意愿是没有意见的农民工的2.5倍。

模型5显示,收入和养老保险对农民工永久迁移城市意愿具有显著影响,假设4.4a和4.4b被证实。收入越高,农民工永久迁移城市意愿越强。参加企业社会养老保险的农民工永久迁移城市意愿是没有参加者的1.4倍。享有城市住房公积金对农民工永久迁移城市意愿没有显著影响,假设4.4c被拒绝。这很可能说明住房公积金在农民工购房中尚未发挥有效作用。

四、"工漂族":脱嵌型劳动关系的集中表现

图4-1呈现了农民工第一次参加工作以来的工作变动情况,30%的农民工换工次数集中在0—1次,11%集中在1—2次,17%集中在2—3次,17%集中在3—4次,8%集中在4—5次,5%集中在5—6次,12%集中在6次以上。这些数据表明,农民工的工作稳定性较差,特别是新生代农民工群体,就业呈现"高流动性"与"短工化",被形象地称为"工漂族"。表4-4脱嵌型劳动关系与农民工工作变动的矩阵相关分析表明,频繁变换工作是农民工脱嵌型劳动关系的集中体现。劳动合同、合同协商、加入工会与农民工的工作变动次数呈显著负相关,表明与城市劳动力市场的制度连接减少了农民工的工作变动次数,增加了农民工的就业稳定性。所在企业老乡数量、所在企业朋友数量、与同事交往困难与农民工工作变动次数的相关系数及显著性表明,与城市劳动力市场的非制度连接并没有显著降低农

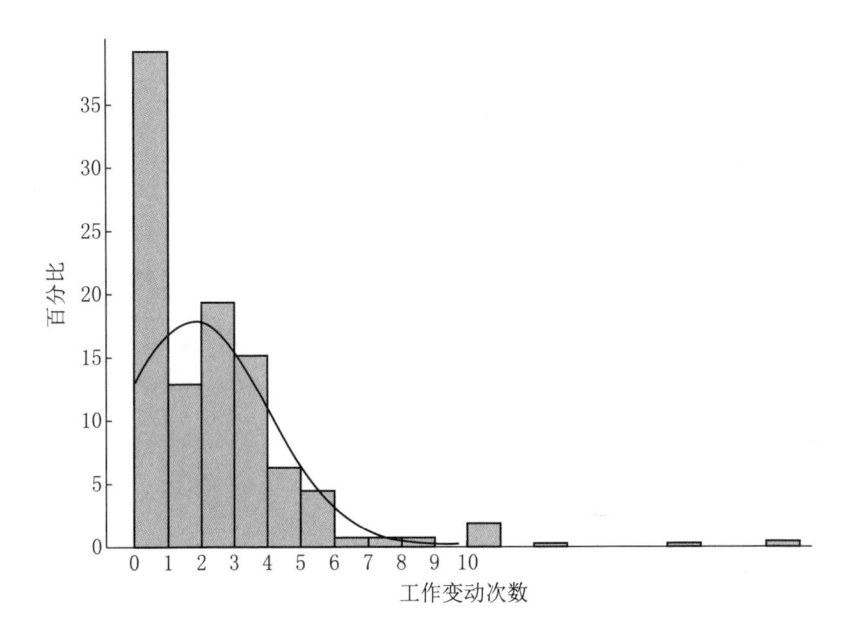

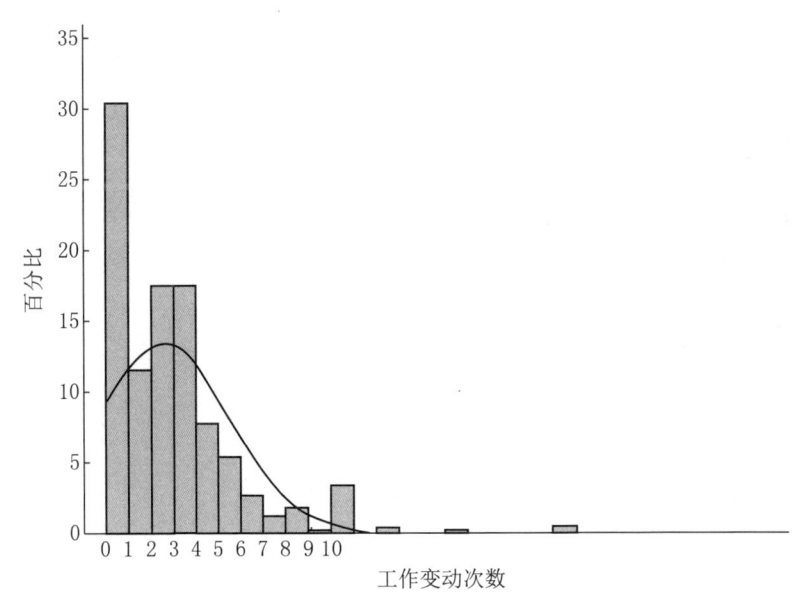

图 4-1　城镇户籍工人(上)与农民工(下)的工作变动情况

表 4-4 脱嵌型劳动关系与农民工工作变动的矩阵相关分析

	工作变动	劳动合同	合同协商	加入工会	企业老乡数量	企业朋友数量	与同事交往困难	超时劳动	工作环境具有危害性	冒险作业	对劳动权益有意见	收入对数	养老保险	住房公积金
工作变动	1.000 0													
劳动合同	-0.138 3	1.000 0												
	0.000 0													
合同协商	-0.059 0	0.273 1	1.000 0											
	0.038 2	0.000 0												
加入工会	-0.059 4	0.185 5	0.066 4	1.000 0										
	0.013 6	0.000 0	0.019 2											
企业老乡数量	0.058 4	-0.112 9	-0.020 5	-0.000 1	1.000 0									
	0.016 6	0.000 0	0.478 1	0.995 7										
企业朋友数量	0.042 9	-0.015 7	0.013 4	-0.021 7	0.355 1	1.000 0								
	0.076 4	0.516 1	0.637 5	0.368 2	0.000 0									
与同事交往困难	0.018 8	-0.002 3	-0.000 5	0.001 6	-0.027 2	-0.097 7	1.000 0							
	0.434 9	0.920 2	0.987 0	0.937 8	0.262 9	0.000 0								

续表

	工作变动	劳动合同	合同协商	加入工会	企业老乡数量	企业朋友数量	与同事交往困难	超时劳动	工作环境具有危害性	冒险作业	对劳动权益有意见	收入对数	养老保险	住房公积金
超时劳动	0.043 2	−0.010 1	−0.074 4	−0.047 0	−0.046 4	−0.065 1	0.105 3	1.000 0						
	0.072 9	0.675 4	0.008 6	0.049 9	0.056 1	0.006 9	0.000 0							
工作环境具有危害性	0.030 5	−0.019 6	0.006 4	0.009 7	0.073 6	0.046 3	0.090 0	0.167 0	1.000 0					
	0.204 7	0.414 2	0.822 8	0.684 5	0.002 4	0.054 6	0.000 2	0.000 0						
冒险作业	0.072 8	−0.066 4	−0.073 2	−0.058 2	0.080 3	−0.062 7	0.336 8	0.143 0	0.196 0	1.000 0				
	0.002 5	0.003 2	0.009 8	0.003 5	0.000 9	0.009 2	0.000 0	0.000 0	0.000 0					
对劳动权益有意见	0.133 2	−0.046 1	−0.002 4	0.015 7	0.030 7	−0.003 6	0.067 3	0.059 3	0.051 9	0.087 3	1.000 0			
	0.000 0	0.040 9	0.933 0	0.429 0	0.207 1	0.880 6	0.000 7	0.013 4	0.030 4	0.000 0				
收入对数	0.051 0	0.122 8	0.095 1	0.020 3	0.122 1	0.072 4	−0.028 7	0.033 4	0.053 8	0.027 8	0.012 9	1.000 0		
	0.034 5	0.000 0	0.000 8	0.311 4	0.000 0	0.002 7	0.152 5	0.165 1	0.025 4	0.165 8	0.520 4			
养老保险	−0.184 0	0.473 9	0.137 2	0.297 6	−0.143 6	−0.085 9	0.033 7	−0.006 2	−0.029 8	−0.075 0	−0.047 7	0.012 7	1.000 0	
	0.000 0	0.000 0	0.000 0	0.000 0	0.000 0	0.000 0	0.090 5	0.795 9	0.214 0	0.000 2	0.016 7	0.526 7		
住房公积金	−0.140 4	0.256 4	0.032 4	0.296 3	−0.082 0	−0.038 4	0.058 8	−0.005 7	−0.067 2	−0.056 0	−0.016 7	0.051 2	0.412 8	1.000 0
	0.000 0	0.000 0	0.253 3	0.000 0	0.000 7	0.111 5	0.003 1	0.813 1	0.005 1	0.004 9	0.400 6	0.010 8	0.000 0	

民工的工作变动次数,现实情况可能与之相反,所在企业的朋友或老乡可能互相提供招聘信息等。超时劳动、工作环境具有危害性、冒险作业、对劳动权益有意见与农民工工作变动次数呈显著正相关,表明劳动权益侵害促使农民工频繁跳槽,增加了其工作的不稳定性。养老保险、住房公积金与农民工工作变动次数的相关系数及显著性表明,良好的社会保障制度减少了农民工的工作变动,增加了就业稳定性。而非农收入与工作变动的相关系数及显著性则说明工作变动提高了农民工的收入水平。图 4-2 所示工作变动与农民工永久迁移意愿的关系表明,频繁的工作变动降低了农民工永久迁移城市的意愿。综上,脱嵌型劳动关系对农民工永久迁移意愿既发生直接作用,又通过工作变动发生间接作用。

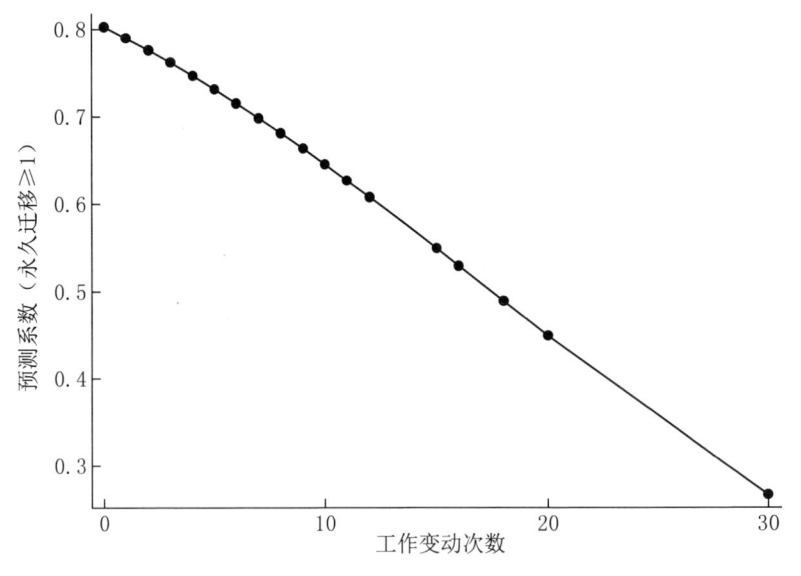

图 4-2 工作变动与农民工永久迁移意愿

五、农民工非正规就业群体的永久迁移意愿

前文主要描述了在正规部门就业的农民工的脱嵌型劳动关系现状及其对永久迁移城市意愿的影响,但是在当前城镇劳动力市场,相当多农民工在非正规部门就业,比如各种短期工、临时工,这些职业不稳定,集中在小规模生产和服务行业。主要包括两类,一类是在正规单位从事临时性工作,另一类是就业单位本身就是非正规单位。非正规就业群体的工资待遇、工作环境、劳动权益、社会保障等各方面都处于更加劣势的地位。非正规就业是国际劳工组织(ILO)基于肯尼亚城市劳动力市场发展经验提出的一个概念,用来描述城市失业者为了生存,从事一些没有得到政府主管部门承认和保护的生产经营活动,包括自雇就业和非正规部门雇员两大类别,主要特征是:容易进入,依赖本地资源,小规模,劳动密集,技术含量低,不规范等。20 世纪 70 年代以来,这一概念普遍被用来指称第三世界国家乃至发达国家和地区的相关就业状况。

围绕这一就业现象研究,形成了 3 种主要的理论解释:二元主义、新马克思主义和新自由主义。二元主义强调非正规就业及其所在部门相对于正规就业部门的边缘性、补充性,新马克思主义强调非正规就业作为生产关系的一种特殊形式,新自由主义强调歧视性的法律和制度对非正规就业的形塑。3 种理论虽然秉持不同的分析视角,但是都不否认非正规就业群体的弱势地位,并积极倡导将非正规就业"正规化"。也有学者注意到非正规就业群体并非铁板一块,内部存在重要的社会经济分化。万向东指出非正规部门雇员是农村强

大"推力"下农民工选择的勉强生存的手段,而自雇就业则是城市"拉力"之下农民工寻求发展的手段,更有可能实现积累和向上流动[①]。由此提出假设:

假设4.5:农民工正规就业群体与农民工非正规就业群体永久迁移城市意愿不同。

假设4.5a:与非正规就业群体相比,农民工正规就业群体永久迁移城市意愿更强。

假设4.5b:与非正规部门雇员相比,自雇就业的农民工永久迁移城市意愿更强。

表4-5的数据分析结果只是部分支持了我们的假设。模型2在控制了人口特征变量、地区变量的基础上,比较了农民工正规就业群体和农民工非正规就业群体的永久迁移城市意愿,发现农民工正规就业群体与农民工非正规就业群体在永久迁移城市意愿方面没有显著差异。模型3在控制了人口特征变量、地区变量的基础上,比较了非正规部门自雇就业和雇员的永久迁移城市意愿,发现自雇者的永久迁移城市意愿显著高于雇员,前者是后者的1.37倍。模型4在控制了人口特征变量、地区变量的基础上,对农民工就业类型做了更细划分,发现在非正规部门从事体力劳动的农民工永久迁移城市意愿最低,自雇的从事经营活动的非正规就业农民工永久迁移城市意愿高于从事体力劳动的正规就业农民工。结合3个模型的数据分析结果可知,从事体力劳动的农民工非正规就业群体处于城镇劳动力市场的最低端,他们学历层次低,缺少用来投资经营的资本,受制于户

[①] 万向东:《农民工非正式就业的进入条件与效果》,《管理世界》2008年第1期,第63—74页;万向东:《农民工非正式就业研究的回顾与展望》,《中山大学学报》2009年第1期,第165页。

表 4-5 就业类型对农民工永久迁移意愿影响的回归分析

	永久迁移＝1			
	模型 1	模型 2	模型 3	模型 4
男性	−0.108	−0.104	0.088	−0.110
	(0.100)	(0.100)	(0.140)	(0.102)
"70 后"	0.554***	0.541***	0.659***	0.524***
	(0.142)	(0.142)	(0.178)	(0.145)
"80 后"	0.923***	0.894***	1.004***	0.886***
	(0.145)	(0.146)	(0.190)	(0.149)
"90 后"	1.045***	1.037***	1.527***	0.990***
	(0.182)	(0.183)	(0.268)	(0.186)
高中	0.543***	0.521***	0.472***	0.498***
	(0.120)	(0.121)	(0.178)	(0.123)
大专及以上	1.515***	1.481***	1.305***	1.418***
	(0.168)	(0.172)	(0.317)	(0.185)
已婚不同城	−0.277	−0.264	−0.196	−0.318*
	(0.181)	(0.181)	(0.258)	(0.184)
已婚且同城	0.050	0.056	0.082	0.001
	(0.142)	(0.143)	(0.212)	(0.145)
来自中部	0.301*	0.313*	0.339	0.341**
	(0.163)	(0.163)	(0.252)	(0.164)
来自东部	0.297*	0.313*	0.571**	0.360**
	(0.179)	(0.179)	(0.288)	(0.181)
上海	−0.663***	−0.691***	−0.609**	−0.740***
	(0.174)	(0.175)	(0.254)	(0.177)
广州	−0.648***	−0.666***	−0.762***	−0.717***
	(0.172)	(0.173)	(0.271)	(0.176)
武汉	−0.529***	−0.522***	−0.415	−0.619***
	(0.193)	(0.194)	(0.258)	(0.198)

续表

	永久迁移＝1			
	模型 1	模型 2	模型 3	模型 4
成都	−0.382*	−0.361*	−0.057	−0.386*
	(0.219)	(0.219)	(0.315)	(0.222)
兰州	−0.025	0.012	0.220	−0.037
	(0.226)	(0.228)	(0.313)	(0.231)
哈尔滨	0.483**	0.490**	0.538**	0.443**
	(0.205)	(0.206)	(0.256)	(0.210)
正规部门就业(体力)				0.284**
				(0.133)
非正规部门就业(投资)				0.290*
				(0.164)
正规部门就业(智力)				0.317**
				(0.160)
正规部门就业(非正规就业＝0)		0.131		
		(0.103)		
非正规自雇(非正规受雇＝0)			0.317**	
			(0.155)	
常数项	−0.243	−0.299	−0.824**	−0.389
	(0.262)	(0.266)	(0.382)	(0.282)

注：*** $p<0.01$，** $p<0.05$，* $p<0.1$，括号内数字为标准误。

籍制度造成的劳动力市场分割，对城镇正规就业部门的嵌入程度极其低，在劳动合同签订、社会保障享有、劳动权益、实际收入等方面远远低于在城镇正规部门从事体力劳动的农民工。没有稳定的工作就意味着无法在城市站住脚跟，也就谈不上在城市定居生活，所以他们表现出最低的永久迁移城市意愿。在城镇劳动力市场从事专业技术或管理工作的农民工群体，受教育程度较高，与所在企业建立了较为稳定的劳动关系,享有较好的社会保障,对城镇正规劳动力市场的嵌入程度较深,他们从农民工群体中逐步分化出来,得到城市社会管理和社会保障制度更多关照,也更偏向城市生活方式,表现出最高的永久迁移城市意愿。需要关注的是从事投资经营活动的农民工非正规就业群体,包括自雇劳动和自雇经营,具体工作有散工、流动摊贩和无牌小店铺等。按照波兰尼的说法,非正规就业是以非市场的基本规则和行动逻辑"反嵌入"市场经济中的结果,在社会福利不足时提供替代性的安全网络,在社会震动中起到缓冲作用,具有历史和逻辑的合法地位[1]。他们虽然享受不到制度的庇护,但是具有较强的市场能力,能及时捕捉并满足市场需求,是城市非正规经济体系的有机构成部分。

六、小　结

就业是农民工永久迁移城市的第一步,属于底线性利益,也是影响农民工永久迁移意愿的基础性因素。受工作嵌入理论启发,本章探讨了农民工城市劳动力市场嵌入程度对农民工永久迁移意愿的影响,主要研究发现如下。

当前农民工劳动关系的本质特征是"脱嵌",可以称之为"脱嵌型劳动关系",即农民工与城镇劳动力市场发生的制度与非制度化连接程度较低,受城市劳动力市场各种制度和关系结构的约束较弱。具体体现在以下方面:农民工与城镇劳动力市场的制度连接弱,关系连

---

[1]　[英]卡尔·波兰尼:《巨变:当代政治、经济的起源》,黄树民等译,台北远流出版事业股份有限公司1989年版,第111—143页。

接强。农民工与所在企业签订劳动合同的比例较低,且主观参与较少,劳动合同不能充分反映农民工意愿和维护农民工权益。农民工参加工会的比例极低,意味着工会在农民工生产和生活中严重缺位,没有发挥本应有的"维护职工基本权益"这一基本职责。劳动合同和工会参与情况反映出农民工与城镇劳动力市场的制度连接非常脆弱。相比之下,农民工与城镇劳动力市场的关系连接较多,求职通道主要为老乡介绍,且老乡依然构成农民工在城市的主要社会交往网络和社会支持体系,他们之间互相传递就业信息,在生活方面互相接济,在情感方面互相倾诉,是对农村社会关系的一种复制和重构。劳动权益增加了农民工对城镇劳动力市场的不适应。农民工的劳动权益仍然得不到有效保护,超时劳动、冒险作业、工作环境具有危害性等方面依然问题突出,且农民工给出了较多负面评价,特别是新生代农民工的维权意识增强。农民工脱离城镇劳动力市场的代价低。农民工在城镇的务工收入水平仍然显著低于城镇户籍工人,享受城市社会养老保险和住房公积金的比例相当低。

脱嵌型劳动关系削弱了农民工的永久迁移意愿。参与签订劳动合同、加入工会、与同事良好交往、较高的收入水平、参加社会养老保险均显著提升了农民工的永久迁移意愿,而超时劳动、冒险作业、工作环境具有危害性、对劳动权益有意见均显著削弱了农民工的永久迁移意愿。这些数据分析结果表明,脱嵌型劳动关系不利于农民工选择在城市永久定居。脱嵌型劳动关系既与个体人力资本有关,那些高学历、高技能的农民工对城镇劳动力市场的嵌入程度显然更高,有条件也倾向于选择实现永久迁移,又是制度设计的结果,城镇多元分割的劳动力市场、工会组织的有名无实、社会保障制度供给不足、地方保护主义等均加剧了农民工脱嵌城镇劳动力市场,助推了脱嵌型劳动关系的形成。频繁的工作变动是脱嵌型劳动关系的集中体现,而这种就业不稳定又进一步削弱了农民工实现永久迁移的愿望。工作变动一方面反映了农民工与城镇劳动力市场的松散联系,另一方面是农民工对脱嵌型劳动关系的反抗,是农民工为了在城市立足而发展出来的一种应对策略,蕴含着某种主动性。数据分析结果也证实职业变动的确增加了农民工的工资收入。这可能说明,工作流动使农民工增加了工作经验和技能,开阔了眼界,从而提升了人力资本。

不同于以往研究探讨就业某一方面对农民工永久迁移的影响,我们使用"脱嵌型劳动关系"这一分析概念,能够将农民工的具体就业特征与更宏观的制度做一连接。说到底,农民工的实际就业状态是宏观社会制度安排的结果。改革开放之后,农民工处于非工非农的尴尬境遇,既无法在城市定居,也无法返回农村,即一种双重脱嵌[①]的状态。简言之,流动的劳动力体制导致的劳动力的不确定性,表现为脱嵌型劳动关系,削弱了农民工的永久迁移意愿,阻碍了中国城市化的进程。

不过,数据分析结果揭示了农民工永久迁移城市的另一路径。以往的研究对正规就业和正规部门的研究居多,对非正规就业现象关注不够,就本书所界定的脱嵌型劳动关系而言,我们在测量时,主要关注的也是农民工正规就业群体。其实,在市场需求下,农民工还理性选择了非正规部门自雇这一就业形态,包括自雇劳动和自雇经营。这一就业形态虽然没有得到制度关照,却增强了农民工的市场能力。在城市从事投资经营活动的农民工非正规就业群体愿意永久迁移城市的比例高于在城市从事体力劳动的农民工正规就业群体。

[①] 黄斌欢:《双重脱嵌与新生代农民工的阶级形成》,《社会学研究》2014年第2期,第170—188页。

第五章
双重社会隔离与
农民工永久迁移意愿

本章主要探讨城市社区嵌入状况对农民工永久迁移意愿的影响。首先,确立城市社区嵌入对农民工永久迁移意愿影响的分析框架,并对变量设置和分析策略做出说明。其次,描述农民工城市社区嵌入的基本状况——双重社会隔离。最后,基于调查数据检验双重社会隔离对农民工永久迁移意愿的影响。

一、研究假设与变量测量

(一) 研究假设

研究揭示,移民的适应过程不仅包括经济层面的融入,还包括社会层面的融入。与迁入地居民的有效交往会促进这种适应,从而提升移民永久迁移的意愿和行为。在中国特殊的城乡二元户籍制度设计下,本地城市居民对外地农村居民是歧视还是接纳,是交往还是排斥,对农民工永久迁移城市具有重要的影响。国内关于农民工与本地城市居民交往的后果说法不一。有研究指出,交往促进本地城市居民与外来农民工相互理解,缩减了社会距离,提升了彼此的积极评价[1]。也有研究得出相反的结论,认为交往反而更容易产生相对剥夺感,甚至增加了彼此的冲突机会[2]。社会交往与农民工永久迁移的相关研究也存在同样的研究悖论。研究者假设与本地居民的社会交往会增加农民工永久迁移城市的意愿,却发现了农民工自愿隔离的现实[3]。如此一来,探讨社会层面的融入对农民工永久迁移城市意愿的影响仍然必要。不过,我们将主要把农民工社会层面的融入限制在城市社区层面,即主要探讨城市社区嵌入对农民工永久迁移城市意愿的影响。

从城市社区嵌入角度分析农民工永久迁移城市,主要基于以下考虑。第一,单位制解体之后,城市居民的生活重心已经转向社区,城市基本公共服务提供也主要依托社区进行。农民工是否能够实现身份/角色的彻底转变,做出永久迁移城市的决定,很大程度上与他们对城市居民社区的参与程度有关。第二,社会学意义上的社区是指固定在一定地域范围内的发生频繁互动并产生一定归属感和认同感的群体的聚集。所以,作为嵌入客体的城市社区既包括基于行政区划的具有明确边界的城市居民社区,又包括边界不甚清晰的外来人口集中居住区,那些被称为"移民飞地"的空间,也包括外来人口

---

[1] 王毅杰、王开庆:《流动农民与市民间社会距离研究》,《江苏社会科学》2008年第5期,第57—62页;许传新、许若兰:《新生代农民工与城市居民社会距离实证研究》,《人口与经济》2007年第5期,第39—44页;王桂新、武俊奎:《城市农民工与本地居民社会距离影响因素分析:以上海为例》,《社会学研究》2011年第2期,第28—47页。
[2] 胡荣、陈斯诗:《影响农民工精神健康的社会因素分析》,《社会》2012年第6期,第152—153页。
[3] 郭星华、杨杰丽:《城市民工群体的自愿性隔离》,《江苏行政学院学报》2005年第1期,第57—62页;郭星华、储卉娟:《从乡村到都市:融入与隔离——关于民工与城市居民社会距离的实证研究》,《江海学刊》2004年第3期,第91—98页。

社群关系网络。第三,城市社区嵌入同时会把居住这一重要影响因素整合进解释模型。居住空间是社会交往和社会距离的物化和空间化,居住融入还是居住隔离是最能够客观、准确、直接反映社会交往的有效测量指标。第四,城市社区嵌入把"土客交往"置入一个更加具体的生活化空间,避免了以往社会交往测量的宽泛性和去情境性。

从城市社区嵌入的角度来看,农民工在城市正遭遇着居住隔离与交往隔离的双重社会隔离现实,主要是指农民工在城市居住于相对集中的区域,与本地城市居民居住空间存在比较清晰的经济社会界限,在社会交往方面表现出内聚性,主要交往对象固定在传统血缘、地缘关系网络,与城市本地居民保持较远的社会距离。居住的集中和隔离程度可以揭示出社会群体关系的结构,反过来,居住隔离也有助于理解社会互动。按照芝加哥社会学派人文生态学理论,居住区位分布本质上反映了社会关系。所以,使用居住隔离和交往隔离来测量农民工的城市社区嵌入程度比较有效。

1994年中国城市正式开始住房制度改革,取消由国家或单位分配住宅的福利分房制度并鼓励发展商品住房市场,希望通过货币补贴和住房市场来解决城市居民的住房问题,由此开启了中国住房商品化进程。通过市场来供给住房,遵循经济学供求的一般原理,自然会产生分化和不平等。所以中国不同阶层在居住模式和区位上不可避免地出现分化,居住隔离初见端倪。农民工经济基础较弱,市场支付能力较低,无法通过市场购买形式获得商品住房,城中村和城乡接合部成为他们的主要栖息之所,"脏、乱、差"成为这些居住区的代名词。于是,在部分城市,现代化的高档商品住宅与破败的棚户简屋相对而立,视觉反差非常强烈。

除了住房市场的自动分化机制,住房制度设计也助推了当前农民工与本地城市居民的居住隔离。首先,在福利分房取消之前,那些取得福利住房的城市居民通过低价购买获得了房屋产权,从而获取了城市住房市场的第一桶金,体现了住房福利制度的路径依赖。其次,城市住房托底保障制度主要针对具有城镇户籍的住房困难的城市居民,把外来农民工排斥在外。城市住房困难群体可以通过享受经济适用房、廉租房、公租房等保障性住房来实现居住需求,但是外来务工人员却无资格享受。近几年放开户籍限制的公租房依然门槛很高,主要针对的是具有本科及以上学历的高层次人才或专业技术型人才,没有连续缴纳社保和非正规就业的农民工依然只能"望房兴叹"。甚至在城市旧区改造和城市更新进程的动拆迁中,农民工都是沉默的"第四方群体"[①]。总之,住房市场化改革和城市住房制度设计共同导致农民工在城市的蜗居和居住边缘化,主要表现为在城中村和城乡接合部等空间的聚集,呈现出大分散、小集中的特点[②]。这是一种明显的居住隔离。

只有安居(而不是寄居)才会增进流动人口的城市认同感并且使他们愿意留下来[③]。随着城市公共服务资源下沉,社区在城市居民生活中扮演着越来越重要的角色,特别是当前各项公共服务资源逐步扩大覆盖到城市外来人口,农民工嵌入本地城市居民社区程度越深,越能够接近经济、医疗、环境、政治资源,特别是由政府提供的基本公共服务。同时与本地城市居民的融合居住,能够增加"土客"之

[①] 赵晔琴:《"居住权"与市民待遇:城市改造中的"第四方群体"》,《社会学研究》2008年第2期,第118—132页。
[②] 蒋建林、王琨:《城市化进程中外来民工居住问题研究》,《宁波大学学报(理工版)》2008年第3期,第442—446页。
[③] 何绍华、杨菊华:《安居还是寄居?不同户籍身份流动人口居住状况研究》,《人口研究》2013年第6期,第31—33页。

间的交流机会,缩减"土客"之间的社会距离。要实现居住融入并取得享有公共服务的资格,户籍身份的转变是必要条件。在中国语境下,取得城市居民户籍又和拥有城市住房产权紧密联系在一起,即户口的产权化①。所以,在城市拥有产权住房意味着较好的社区嵌入。尽管当前很多城市对户籍收紧,但是获得城市住房依然能够促进外来人口融入本地社区。

但是对绝大多数农民工来说,既不具备城市商品住房购买能力(市场能力),又不能够享受住房制度托底保障(政策关照),只能寄居在城中村、城乡接合部。在这些居住区域,传统社会关系网络得到了复制和强化,形成了一个个独立的、封闭的经济社会子系统,很少与外界发生联系,缺乏主动介入城市生活的积极性,与城市本地居民的交往很少。这犹如吉登斯所描绘的移民聚居区的特点,"这些区域的文化与周边区域存在明显的差别,群体隔离与空间隔离从而形成了契合"②。寄居在单位宿舍是外来农民工解决居住问题的另外一种方式。这一居住方式虽然存在过于拥挤、缺乏隐私、环境恶劣、安全隐患等问题,但是在高房价和高房租背景下也的确节省了农民工的居住成本。不过,正如有的学者所指出的那样,这一工厂宿舍的居住方式其实是跨国劳动过程的必要组成部分,通过集中在厂区安置职工,"产品的生产空间与劳动力的日常再生产空间合二为一,工人与工厂被紧密地黏合在一起"③。他们把这种居住模式称为"宿舍劳动

---

① 户口的产权化或产权化的户口是指户口与住房产权之间仍然存在着制度联结。参见陈映芳、卫伟主编:《寻找住处:居住贫困和人的命运》,上海古籍出版社 2015 年版,第 28—30 页。
② [英]吉登斯:《批判的社会学导论》,郭忠华译,上海译文出版社 2007 年版,第 46 页。
③ 任焰、潘毅:《跨国劳动过程的空间政治:全球化时代的宿舍劳动体制》,《社会学研究》2006 年第 4 期,第 23 页。

体制"。在这种居住模式之下,农民工的生产空间与生活空间高度重叠在一起,他们的衣食住行、社交和休闲等基本需求在厂区内就可以实现,资本通过居住实现了对劳动的控制。如此一来,农民工鲜有时间和精力去参与工厂之外的城市社会生活。无论是单位宿舍,还是城中村,抑或是城乡接合部,农民工的这些聚居形态将他们限制在一种封闭的社会空间中,使他们只能积累狭隘的局部生活经验[1],难以适应更大范围的人际交往与社会生活,也无法发展其良好的群际关系,特别是与自身相比具有较强异质性的市民群体。混合居住则可以增进不同群体之间的理解和交往,因为相同的空间和社区规则能够使人们产生相似的思想观念和行为习惯,从而缩减社会距离。

基于此,本书提出如下假设:

假设5.1:居住隔离削弱了农民工永久迁移城市意愿。

假设5.1a:在城市拥有产权住房的农民工永久迁移城市意愿更强。

假设5.1b:在单位宿舍集中居住的农民工永久迁移城市意愿更弱。

假设5.1c:与本地人混合居住的农民工永久迁移城市意愿更强。

但是也有研究揭示,无论是"单体同质型"社区,还是"多体异质型"混合社区,外来农民工和本地城市居民都未能实现充分的交往与融合[2]。这就提醒我们居住混合并不代表居住融合,也并不能够表征更有效的社会交往。因为即使与本地人混合居住,农民工的日常

---

[1] 张静:《制度的品德》,《开放时代》2016年第6期,第176—177页。
[2] 江立华、谷玉良:《居住空间类型与农民工的城市融合途径——基于空间视角的探讨》,《社会科学研究》2013年第6期,第97页。

交往对象仍然可能是与其具有相似社会特征的老乡或来自其他地区的农民工。这符合布劳提出的"接近性假设"①,即人们倾向于与所属阶层和群体中的社会成员交往。所以,我们还需要考察社会关系与社会交往对农民工永久迁移城市的影响。

"在家靠父母,出门靠朋友。"对缺少制度化支持的农民工群体来说,来自社会关系网络的支持显得尤为紧要。一般来说,农民工在务工城市的关系网络规模越大,越能够从这些网络成员中获取较多的物质、精神资源,支持其在城市的生存和发展,促使他们选择迁移城市。群际接触理论指出,不同群体之间的有效交往能够增强彼此了解,减少偏见和冲突,只有直接且频繁的交往,才能够获取群体的真实信息,进而产生理解、走向融合②。已有研究显示,农民工与本地居民之间的频繁交往,可以增强彼此信任程度,改善彼此评价状况,对彼此更加宽容和接纳,缩减彼此社会距离③。对外来农民工而言,他们增加了城市认同感,感到自己被城市社会所接纳,获得一种归属感和安全感④。所以,我们不仅要关注静态的社会关系网络的规模、类型,还要关注社会关系网络的实践形态。只有密切的互动才会激活关系网络,从而连接个体所需要的各种社会资源。

---

① [美]彼特·布劳:《不平等和异质性》,王春光、谢圣赞译,中国社会科学出版社1991年版,第57、122页。
② 郝亚明:《西方群际接触理论研究及启示》,《民族研究》2015年第3期,第13—24页。
③ 王开庆、刘林平:《群际交往、人际信任与社会距离——城市居民与农民工的群际关系研究》,《云南大学学报(社会科学版)》2015年第4期,第95页;邢朝国、陆亮:《交往的力量——北京市民与新生代农民工的主观社会距离》,《人口与经济》2015年第4期,第56—59页。
④ 王毅杰、茆农非:《社会经济地位、群际接触与社会距离——市民与农民工群际关系研究》,《南京农业大学学报(社会科学版)》2016年第4期,第68—70页。

基于此,本书提出如下假设:

假设5.2:与本地居民交往情况会影响农民工永久迁移城市意愿。

假设5.2a:本地朋友数量越多,农民工永久迁移城市意愿越强。

假设5.2b:与本地人交往越频繁,农民工永久迁移城市意愿越强。

假设5.2c:与邻里交往有困难会削弱农民工永久迁移城市意愿。

(二)变量测量

1. 因变量

调查问卷通过题器"如果您不打算在本地长期定居,那您将来最愿意在哪里定居"来获取农民工永久迁移城市意愿。备选答案包括:①老家农村;②老家镇上;③老家的县城或地级市;④老家的省会城市;⑤其他中小城市;⑥其他大城市;⑦其他;⑧不清楚。本书把农民工永久迁移城市意愿分为两类:永久迁移城市(包括打算在本地长期定居和选项③④⑤⑥)与返乡(即选项①②)。为了模型分析的精确性,本书把选择"其他"和"不清楚"的农民工样本删除。

2. 自变量

本书所界定的"双重社会隔离"分析概念,主要是指居住隔离和交往隔离。

居住隔离:将城市产权住房、单位宿舍集中居住、与本地人混合居住等作为测量农民工居住隔离的指标。问卷中对城市产权住房的测量题器是"您在城镇中拥有____套产权住房",要求被访者直接填写数字。本书在此基础上重新生成一个二分类变量(0,1),回答0标记为0(表示无产权住房),回答其他标记为1(表示有产权住房)。问卷中对单位宿舍集中居住的测量题器是"您目前居住在什么地方",备选答案包括:①企业员工宿舍;②私人出租屋;③工作场所;④自购房;⑤自建房;⑥借住亲友住房;⑦公租房;⑧廉租房;⑨其他。本书将那些选择①和③的被访者标记为1(表示单位宿舍集中居住),将选择其他选项的被访者标记为0(表示并非在单位宿舍集中居住),做二分类变量处理。问卷中对与本地人混合居住的测量题器是"您目前居住的地方外地人多吗",备选答案包括:①几乎全部是外地人;②多数是外地人;③外地人和本地人各一半;④多数是本地人;⑤几乎全部是本地人;⑥不清楚。本书将那些选择①和②的被访者标记为0(表示外来人口聚居型),把选择③④⑤的被访者标记为1(表示与本地人混合居住),做二分类变量处理。本书认为,有城市产权住房,不在单位宿舍集中居住,与本地人混合居住,代表了农民工在城市较好的居住融入情况,反之则是居住隔离。

交往隔离:通过城市社会关系网络规模、与社会关系网络成员的实际交往情况、社会交往对象等来测量农民工交往隔离的现实状况。问卷中对社会关系网络规模的测量题器是"在您目前工作的城市,朋友中本地人的数量",备选答案包括:①没有;②有几位;③有很多。这作为定距变量被纳入分析模型。问卷中对与社会关系网络成员实际交往情况的测量题器是"在日常生活中,您与老乡是否来往频繁""在日常生活中,您与外地人是否来往频繁""在日常生活中,您与本地人是否来往频繁",备选答案包括:①没有;②较少;③较多;④很多。这作为定距变量被纳入分析模型。问卷还通过询问与社区邻里交往的主观感受来测量农民工在城市的实际交往情况,具体测量题器是"您在日常生活方面,是否存在与邻里交往的困难或问题",备选答案包括:①没有;②有一些;③有很多。调查将其作为定距变量做进一步处理。

3. 控制变量

调查对性别(男=1)做二分类变量处理,对年龄(1969年及以前=0,"70后"=1,"80后"=2,"90后"=3)做定类变量处理,对受教育程度(初中及以下学历=0,高中同等学力=1,大专及以上学历=2)做定类变量处理,对婚姻状况(已婚=1)做二分类变量处理,对来源地(西部=0,中部=1,东部=2)做定类变量处理,对流入城市(天津=0,上海=1,广州=2,武汉=3,成都=4,兰州=5,哈尔滨=6)做定类变量处理。

表 5-1 双重社会隔离的变量测量

变 量		定 义
居住隔离	城市产权住房	在城市拥有产权住房(是=1)
	单位宿舍集中居住	居住在单位提供宿舍(是=1)
	与本地人混合居住	有居住社区(是=1)
交往隔离	家人数量	所在城市中家人数量(连续型变量)
	朋友数量	所在城市中朋友数量(连续型变量)
	本地朋友数量	所在城市中本地朋友数量(连续型变量)
	老乡交往	与老乡交往频繁程度(连续型变量)
	外地人交往	与外地人交往频繁程度(连续型变量)
	本地人交往	与本地人交往频繁程度(连续型变量)
	邻里交往困难	与邻里交往存在问题和困难(连续型变量)

(三) 分析策略

本章将首先描述农民工城市社区嵌入的基本情况,主要表现为双重社会隔离,并重点比较农民工和城镇居民及新生代农民工和老一代农民工在城市社区嵌入方面的差异,主要使用Stata软件的交叉分析和方差分析技术。其次,我们将使用 logit 回归分析技术来探讨双重社会隔离对农民工永久迁移意愿的影响,把选择返乡作为参照组,构建 5 个回归方程,在控制变量的基础上逐步把居住隔离和交往隔离的具体测量指标放进模型。

二、双重社会隔离:农民工的居住与社会交往

表 5-2 给出了农民工在迁入城市的居住与社会交往情况,从中可以发现:

在居住方面,与本地城镇户籍工人相比,农民工面临更为严重的居住隔离。农民工在城市拥有产权住房的比例很低,只有 17%,低于城镇户籍工人 12 个百分点。38% 的农民工在单位宿舍集中居住,高出本地城镇户籍工人 10 个百分点。34% 的农民工与本地人混合居住,低于城镇户籍工人 17 个百分点。从代际看,与老一代相比,新生代农民工的居住融入情况并没有得到明显的改善。只有 14% 的新生代农民工在城市拥有产权住房,低于老一代 8 个百分点。41% 选择在单位宿舍集中居住,高出老一代 7 个百分点。37% 与本地人混合居住,高出老一代 7 个百分点。

在社会交往方面,农民工的社会关系网络既包括家人、亲朋好友和老乡,又包括在城市结识的本地朋友和外地朋友。当前,农民工迁移已经不再呈现过去单个家庭主要劳动力进城务工模式,家庭化迁移趋势明显。我们的调查显示,75% 的农民工在城市有家人或亲戚关系,已经完全不同于早期流动人口的迁移模式。农民工来到城市之后,基于工作和生活与城市陌生人群体发生联系,建立了新的朋友

表 5-2　农民工双重社会隔离的描述性统计

	城镇户籍工人		农民工		老一代		新生代	
	均值或比例	标准差	均值或比例	标准差	均值或比例	标准差	均值或比例	标准差
城市产权住房	0.29	0.45	0.17	0.37	0.22	0.41	0.14	0.34
单位宿舍集中居住	0.28	0.45	0.38	0.49	0.34	0.47	0.41	0.49
与本地人混合居住	0.51	0.50	0.34	0.47	0.30	0.46	0.37	0.48
本地朋友数量								
没有	16.78	/	28.17	/	30.66	/	26.70	/
有几位	54.85	/	53.05	/	49.15	/	55.35	/
有很多	28.37	/	18.78	/	20.19	/	17.95	/
本地人交往	2.65	0.73	2.39	0.76	2.34	0.78	2.41	0.75
邻里交往困难	1.24	0.48	1.22	0.45	1.18	0.42	1.24	0.47

关系网络。调查显示,90%的农民工在城市拥有朋友关系网络。不过,仍然有一部分农民工与本地城市居民存在隔阂,接近30%的农民工没有本地居民朋友。就实际交往情况来看,农民工与本地城镇户籍工人存在差异。农民工与老乡的互动最多,联系最为紧密(2.52),其次为外地人(2.46),最后为本地人(2.39)。城镇户籍工人与本地人的互动最多,联系最为紧密(2.65),其次为外地人(2.46),最后为老乡(2.29)。这些结果表明农民工在日常生活中更加倚重初级社会关系网络,并且社会关系网络具有封闭性和内聚性。不同代际农民工的社会关系网络与社会交往也表现出一定差异。除了倚重家人朋友等初级社会关系网络,新生代农民工在城市构建起新的社会关系网络,并且卷入新型社会关系网络的程度和广度都比老一代有所增加。调查显示,新生代农民工在城市中的朋友数量、朋友中的本地人数量都比老一代要多。就与社会关系网络成员的实际交往情况而言,新生代农民工与本地人及外地人的来往和老一代农民工相比,更为频繁和密切,与老乡的来往则低于后者。不过新生代农民工却感知到了更多的邻里交往困难,这与他们进城动机的改变、城市生活预期与现实的落差有重要关系①。

三、双重社会隔离对农民工永久迁移意愿的影响

表5-3给出了双重社会隔离对农民工永久迁移意愿的影响结

---

① 郭星华、储卉娟:《从乡村到都市:融入与隔离——关于民工与城市居民社会距离的实证研究》,《江海学刊》2004年第3期,第94—95页。

果,包括4个模型:模型1是基准模型,主要控制农民工个体特征和区域特征,模型2在模型1基础上纳入居住隔离因素,模型3在模型1基础上纳入社会交往因素,模型4在模型1基础上同时纳入居住隔离因素和社会交往因素。主要发现如下:

模型2在纳入居住隔离因素之后依然通过显著性检验,且比模型1解释力有所提高,说明居住隔离显著影响了农民工的永久迁移城市意愿。具体来说,在城市拥有产权住房的农民工永久迁移城市意愿更强,是没有产权住房者的1.7倍,假设5.1a被证实。在单位宿舍集中居住降低了农民工的永久迁移城市意愿,在单位宿舍集中居住的农民工永久迁移城市意愿是不在单位宿舍集中居住者的79%,假设5.1b被证实。与本地人混合居住显著提升了农民工的永久迁移城市意愿,与本地人混合居住的农民工永久迁移城市意愿是不混合居住者的1.68倍,假设5.1c被证实。总的来看,假设5.1全部得到证实,即居住隔离的确削弱了农民工永久迁移城市意愿。

模型3在纳入社会交往因素之后依然通过显著性检验,且比模型1解释力有所提高,说明社会交往因素显著影响了农民工永久迁移城市意愿。具体来说,所在城市本地朋友数量越多,农民工永久迁移城市意愿越强,假设5.2a得到证实。与本地人的频繁交往显著提升了农民工的永久迁移城市意愿,与本地人来往越频繁、交往越密切,农民工永久迁移城市意愿越强,假设5.2b被证实。与邻里交往有困难会显著降低农民工的永久迁移城市意愿,假设5.2c被证实。总之,与本地居民交往情况显著影响了农民工的永久迁移城市意愿,本地朋友数量越多,与本地人交往越频繁,以及良好的邻里关系,均会显著提升农民工的永久迁移城市意愿。

模型4同时把居住隔离因素和社会交往因素纳入回归分析模型

表 5-3　双重社会隔离对农民工永久迁移意愿影响的回归分析

	永久迁移＝1			
	模型 1	模型 2	模型 3	模型 4
男性	−0.177*	−0.170	−0.202*	−0.196*
	(0.107)	(0.118)	(0.108)	(0.119)
"70 后"	0.495***	0.580***	0.517***	0.599***
	(0.147)	(0.158)	(0.149)	(0.159)
"80 后"	0.843***	0.979***	0.887***	1.008***
	(0.152)	(0.165)	(0.154)	(0.166)
"90 后"	0.968***	1.036***	1.003***	1.062***
	(0.187)	(0.203)	(0.190)	(0.205)
高中	0.497***	0.335**	0.432***	0.303**
	(0.124)	(0.135)	(0.126)	(0.136)
大专及以上	1.409***	1.269***	1.319***	1.220***
	(0.185)	(0.210)	(0.188)	(0.211)
已婚不同城	−0.358*	−0.293	−0.321*	−0.275
	(0.186)	(0.203)	(0.189)	(0.206)
已婚且同城	−0.021	−0.102	−0.075	−0.122
	(0.146)	(0.162)	(0.148)	(0.164)
智力型工作	0.088	0.026	0.050	−0.001
	(0.132)	(0.145)	(0.134)	(0.146)
经营型工作	0.029	−0.115	−0.027	−0.148
	(0.149)	(0.170)	(0.151)	(0.171)
来自中部	0.310*	0.347*	0.327**	0.369**
	(0.165)	(0.181)	(0.167)	(0.182)
来自东部	0.320*	0.370*	0.265	0.337*
	(0.183)	(0.199)	(0.185)	(0.200)
上海	−0.802***	−0.651***	−0.655***	−0.553***
	(0.179)	(0.198)	(0.181)	(0.200)

续表

	永久迁移＝1			
	模型 1	模型 2	模型 3	模型 4
广州	−0.724***	−0.475**	−0.543***	−0.367*
	(0.177)	(0.194)	(0.182)	(0.198)
武汉	−0.650***	−0.525**	−0.618***	−0.526**
	(0.199)	(0.218)	(0.202)	(0.220)
成都	−0.421*	−0.444*	−0.414*	−0.468*
	(0.224)	(0.246)	(0.227)	(0.250)
兰州	−0.132	−0.178	−0.189	−0.237
	(0.231)	(0.251)	(0.234)	(0.254)
哈尔滨	0.365*	0.384*	0.249	0.271
	(0.210)	(0.231)	(0.213)	(0.234)
收入对数	0.257**	0.230**	0.227**	0.201*
	(0.100)	(0.110)	(0.101)	(0.111)
城市产权住房		0.528***		0.479***
		(0.152)		(0.153)
单位宿舍集中居住		−0.237**		−0.196*
		(0.117)		(0.118)
与本地人混合居住		0.518***		0.409***
		(0.122)		(0.125)
本地朋友数量			0.308***	0.282***
			(0.086)	(0.095)
本地人交往			0.139*	0.100
			(0.075)	(0.083)
邻里交往困难			−0.326***	−0.227*
			(0.108)	(0.117)
常数项	−2.078***	−2.045**	−2.316***	−2.254**
	(0.781)	(0.865)	(0.813)	(0.894)
LR chi2	323.46***	312.64***	363.42***	334.37***
Pseudo R2	0.113 1	0.127 0	0.127 2	0.136 0

注：*** p＜0.01，** p＜0.05，* p＜0.1,括号内数字为标准误。

进行稳健性考察,数据分析结果表明,居住隔离因素的影响依然显著,说明模型 2 得到的经验结论是可靠的,即居住隔离的确是影响农民工永久迁移城市的重要因素。但是社会交往因素的显著性影响发生了变化,与本地人的交往情况对农民工永久迁移城市意愿的显著性影响消失。这表明,居住隔离与社会交往具有较强的相关性,即居住隔离影响了农民工的社会关系网络以及其与社会关系网络成员的实际互动情况。那些与本地人混合居住的外来农民工显然与本地人的互动更加频繁和充分,进一步的数据分析结果揭示了其中作用机制。

表 5-4 的皮尔逊相关矩阵显示,居住隔离与社会关系网络、社会交往都有很强的相关性。拥有产权住房为农民工创造了和家人共同居住的基本物质条件,特别是在户口产权化[①]背景下,拥有城市产权住房才获得了享受城市基本公共服务的准入资格,他们的子女才能够在本地就学,家人在城市团聚,从而避免了农民工家庭主要劳动力在城市务工而家庭再生产在农村完成的窘境。这种居住模式使得农民工及其家庭的日常生活嵌入迁入地城市社区中,扩展了他们的社会交往半径,是一种最为理想的居住形态。表 5-3 和表 5-4 显示,拥有产权住房的农民工所在城市家人/亲朋数量、朋友数量和本地朋友数量更多,与本地人、外地人的互动更为频繁。同样地,与本地人混合居住的农民工所在城市朋友数量、本地朋友数量更多,与本地人的交往更多。那些在单位宿舍集中居住的农民工,所在城市关系网络规模更小,与本地居民的互动更少。

---

① 陈映芳、卫伟主编:《寻找住处:居住贫困和人的命运》,上海古籍出版社 2015 年版,第 29 页。

表 5-4　居住隔离与社会交往的矩阵相关分析

	城市产权住房	单位宿舍集中居住	与本地人混合居住	本地朋友数量	本地人交往	邻里交往困难
城市产权住房	1.000 0					
单位宿舍集中居住	−0.167 8	1.000 0				
	0.000 0					
与本地人混合居住	0.107 4	−0.147 1	1.000 0			
	0.000 0	0.000 0				
本地朋友数量	0.116 5	−0.234 2	0.014 4	1.000 0		
	0.000 0	0.000 0	0.492 9			
本地人交往	0.075 0	−0.083 8	0.044 8	0.326 7	1.000 0	
	0.000 2	0.000 0	0.032 9	0.000 0		
邻里交往困难	0.129 2	−0.149 5	0.219 7	0.206 0	0.423 1	1.000 0
	0.000 0	0.000 0	0.000 0	0.000 0	0.000 0	

四、小　结

本章强调了农民工参与城市社区生活的重要性，并且探讨了城市社区嵌入状况对农民工永久迁移意愿的影响，主要研究发现如下。

首先，农民工的日常生活并没有嵌入城市社区中，他们对城市社区生活的参与极其有限，面临居住隔离和交往隔离双重社会隔离的现实。在居住方面，绝大多数农民工没有足够的市场支付能力去购买商品住房，所以他们极少在城市拥有产权住房。农民工的主要居住形态表现为城中村、城乡接合部等外来人口聚居聚落，或者在单位宿舍集中居住。居住分布其实是社会关系的分布，本质上是社会层级化的表现，正应了中国那句老话："物以类聚，人以群分。"这些聚居形态自我封闭、自成系统,与城市其他系统很少发生经济社会文化联系,居住在这些聚落的农民工难以与本地居民进行充分的沟通,一种横跨户籍和地域的同情式理解难以形成,彼此的认知只能是充满污名化的想象。农民工与城市本地居民的居住隔离是城市居住隔离的最重要的组成部分。在社会交往方面,农民工的交际圈虽然在务工城市有所拓展,但是仍然以家人/亲朋、老乡等初级社会关系网络为主体,甚至这一类社会关系网络有不断复制和扩大的趋势,结果是农村社会差序格局在城市的嬗变。在实际的社会交往中,农民工来往最频繁的还是老乡群体,其次是外地人群体,最后才是本地居民。可见无论是从社会关系网络规模还是实际社会交往情况来看,农民工与本地居民之间似乎存在难以跨越的交往障碍。我们还发现,不同代际农民工面临不同程度的居住隔离与交往隔离。新生代农民工在单位宿舍集中居住的比例更高,与本地人混合居住的比例更高,老一代农民工拥有产权住房的比例更高。新生代农民工的社会关系网络性质发生了变化,初级社会关系虽然重要,但是他们更顺畅地在所在城市建构了新的社会关系网络。

其次,在迁入地城市遭遇的双重社会隔离削弱了农民工永久迁移意愿。那些不能很好融入迁入地城市社区的农民工永久迁移意愿更低,而那些在城市购买了商品房,或者虽然租房但是与本地人混合居住的农民工,表现出较强的永久迁移意愿。在当前户口产权化的大背景下,在城市购买商品房意味着成为准市民,可以享受城市政府通过街道—社区两个行政层级提供的公共服务资源,从而意味着农民工逐步嵌入城市社会管理和公共服务体系。与本地人的混合居住缩减了"土客"之间的空间距离和社会距离,增加了"土客"之间的交往机会,消除了彼此的心理隔阂和污名化想象,也使得农民工得以建构新的社会关系网络,实现对城市社区更深层次的嵌入。那些在单位宿舍集中居住或者与其他外地人一起形成外来人口聚居区的农民工对城市生活的参与极其有限,居住状况也更为糟糕,过着仅有居所但缺少"家"的温暖的寄居生活,很难建立城市认同感和归属感。在他们看来,自己的家远在农村,城市不过是暂居之地,他们只不过是寄居在城市的匆匆过客,永久迁移城市只是遥不可及的梦想。与本地居民的有效交往也显著提升了农民工永久迁移意愿,那些拥有较多本地朋友、与本地居民来往频繁、具有良好邻里关系的农民工更愿意永久迁移城市。"亲戚越走越亲,朋友越走越近","土客"之间的频繁交往将"对方容纳到自己的社会网络中来,从而丰富了各自的社会资本……有助于消除各自的偏见对交友意愿的负向影响,改变农民工因身份认同带来的'自卑感'而自我隔离不愿意与本地居民交友"[1]。宿舍劳动体制本来是方便管理者对工人进行纪律规范,便于工人长时间工作,但意外后果是将农民工与外面的世界隔离开来。农民工工作和住宿界限模糊,与此相反,工作环境和外面的边界很明晰。大多数工厂都有门,门除了是提供安全的保障,还是阻止农民工和城市社会相互交流、相互渗透的符号。

最后,混合居住不代表居住融入,后者既包括居住在同一物理空间,又包括与本地人良好的交往状况。混合居住的确增加了外来农民工与本地社区居民的交往机会,提升了对城市社区生活的参与程度。但是数据分析结果显示,居住隔离和交往隔离均独立作用于农民工永久迁移意愿。这就表明,即使与本地人混合居住,如果没有有效的社会交往,仍然无法提升农民工的永久迁移意愿。空间上的接

---

[1] 王桂新、武俊奎:《城市农民工与本地居民社会距离影响因素分析:以上海为例》,《社会学研究》2011年第2期,第28—47页。

近不代表心理上的接近，混合居住并不能够自动提升农民工的永久迁移意愿。不过混合居住毕竟提供了本地居民与外来务工人员交流和表达的空间，通过组织各种社区活动，鼓励外来人口和本地居民同时参与其中，有利于增进彼此的同情式理解，化解彼此的心理隔阂，最后真正形成生活共同体。

第六章
城市性与农民工永久迁移意愿

本章主要探讨农民工的农村文化脱嵌、城市文化嵌入对其永久迁移意愿的影响。首先,我们将特别突出从城市文化嵌入这一角度来探讨农民工永久迁移城市的独特性,建立城市文化嵌入和农民工永久迁移城市的关系研究的分析框架,在理论演绎和文献回顾基础上明确本书研究假设并就变量设置进行说明。其次,描述农民工的城市文化嵌入现状。最后,基于调查数据检验城市性和农民工永久迁移意愿之间的关系。

一、研究假设与变量测量

(一) 研究假设

在古典社会理论家看来,传统农村社会向现代城市社会的转型是一种总体性变迁,不仅表现为城市和农村不同的物理景观、经济结构、生产组织形式、社会机构设置,而且包括社会联结方式、价值观念和生活方式等诸多层面的变迁。迪尔凯姆的"机械团结"和"有机团结"、滕尼斯的"共同体"和"社会"、雷德菲尔德的"乡民社会"和"市民社会"、费孝通的"礼俗社会"和"法理社会",就是对这两种社会系统的理想类型分析。同理,中国情境下,农民工从农村流动到城市,不仅仅是在不同物理空间的穿越,更是在不同社会文化空间的体验转换。显然,如果农民工更加适应城市社会文化空间中的价值观念、行为习惯和生活方式的话,他们更有可能选择永久迁移城市。关键是如何描述这一转变?本书尝试激活芝加哥社会学派的"城市性"这一概念,建立与农民工永久迁移城市之间的因果关联。

美国芝加哥社会学派以研究城市问题著称,在《城市:有关城市环境中人类行为研究的建议》一书中,帕克提出一个著名论断:城市化进程中,传统的面对面的强调情感的初级社会关系必然将被间接的次级社会关系所取代,人际亲密而持久的互动将消亡,邻里也会失去存在的价值和意义[①]。与帕克齐名的芝加哥社会学派的巨擘沃思则提出"城市性"这一概念,以指称城市特有的生活方式。他认为城市具有区别于乡村的一整套社会与文化特质,表现在个体身上就是个体易变性——与他人缺乏亲密感,人际关系碎片化、表面化、合伙性,人际互动匿名性增强。"城市性"的原因是人口规模增加,人口密度增大,城市社会异质性增强。沃思发现:"城市已形成自身特有的城市心理,与乡村心理迥然不同。城市人的思维方式是因果论的、理性方式的,而农村人的思想方法则是自然主义的、幻想式的。"[②]

本书认为城市性是指现代城市环境所造成的城市社会联结和社会关系模式及其所塑造的现代城市人独特的心理和行为特征的总

[①] [美]罗伯特·E.帕克:《城市:有关城市环境中人类行为研究的建议》,商务印书馆 2016年版,第ii—iii页。

[②] Wirth, L., "Urbanism as a Way of Life," *American Journal of Sociology*, Vol.44 (1938), pp.3-24.

和。农民工在流动过程中传统乡土性减弱,现代城市性增强,价值观念、生活态度和行为模式不断向城市居民靠拢。我们只是聚焦于这一转变的社会事实,并不做出城市性优越于乡土性这种价值判断。如果城市和农村两种社会文化空间中的确存在不同的价值观念、生活态度和行为模式,那么有理由相信,现代城市性越强,农民工永久迁移城市的可能性越大,因为现代城市性越强,个体越能够匹配并适应城市社会生活。这是本书的核心假设。

传统农村是一个熟人社会,人与人之间的联结方式主要基于血缘、姻缘和地缘等初级社会关系,表现为家族、亲戚、邻里社区等组织形态。现代城市则是一个陌生人社会,人们的社会交往半径扩大,基于求学、工作、共同价值观等建立起次级社会关系网络。就社会联结方式而言,城市性是指农民工进城之后次级社会关系逐步代替初级社会关系,在个体生活中发挥越来越大的作用。所以,我们的第一个假设是:次级社会关系增加了农民工永久迁移城市意愿。

传统农村社会同质性很强,社会分化程度低,而现代城市社会充满了异质性,社会分工深化,承担专门功能的正式社会组织兴起,对个人社会日常生活起组织作用。正如韦伯所说,复杂的社会组织是现代城市社会的典型特征。农民工进城之后不可避免与正式社会组织发生各种各样的联系,寻求制度化的社会支持。就社会组织生活而言,城市性是指农民工进城之后越来越多参与正式社会组织生活。所以,我们的第二个假设是:参与正式社会组织增加了农民工永久迁移城市意愿。

农村是一个礼俗社会,带有地方性的特殊规范是个体行动的指南,"差序格局"的社会结构导致了个体处理社会事务遵循亲属、尊卑之别。城市是一个法理社会,陌生人之间的社会交往需要一种超越特殊地域和特殊群体的普遍主义规则。农民工进城之后发现原有的地方性知识失效,要融入其中,必须适应一套具有普遍约束力的公共规则。法律是现代城市社会最重要的公共规则,即帕森斯所谓普遍主义规则。就社会规则意识而言,城市性是指农民工进城之后对法律的认可程度越来越高,并且愿意通过法律解决纠纷等。所以,我们的第三个假设是:对法律认可程度越高的农民工,永久迁移城市意愿越强。

生活方式的城市化可以通过消费和储蓄表现出来。与农村相比,城市是典型的商品经济形态,内部充满了以货币为中介的市场交换,城市居民容易养成消费的习惯,在消费总量和消费结构方面与农村居民存在显著差异。就生活方式而言,城市性是指随着农民工流动到城市,他们在城市的社会生活和文化生活日益丰富,交通、通信、娱乐、文化等方面的消费很快增长,反映出他们对城市社会文化生活的深度卷入。所以,我们的第四个假设是:消费倾向越强的农民工,永久迁移城市意愿越强。

关于城市性与农民工永久迁移城市意愿的假设如下:

假设 6.1:城市性越强,农民工永久迁移城市意愿越强。

假设 6.1a:次级社会关系增加了农民工永久迁移城市意愿。

假设 6.1b:参与正式社会组织增加了农民工永久迁移城市意愿。

假设 6.1c:对法律认可程度越高的农民工,永久迁移城市意愿越强。

假设 6.1d:消费倾向越强的农民工,永久迁移城市意愿越强。

关于城市性的形成存在三种主要的理论解释模型:决定论模型、组合/系统论模型和亚文化理论模型[①]。决定论模型指出,人口规

[①] 王兴周:《农民工城市性及其影响因素研究》,博士学位论文,上海大学,2008年,第34—39页。

模、人口密度和文化异质性是社会生活和人格形成的关键决定因素。组合/系统论模型指出,人口的社会和经济特征(比如年龄、种族、生命周期或社会等级)才是导致城市人口和农村人口在态度、行为和社会关系等方面差异的重要因素,绝非环境因素的独立影响。亚文化理论模型指出,人数集中并形成规模,有能力保持原有生活方式的各种亚文化圈的广泛存在,是城市性的集中体现。按照马克思的观点:"物质生活的生产方式制约着整个社会生活、政治生活和精神生活的过程。"[1]也就是说,生产方式的变革导致经济社会结构发生巨大变化,而城市的生活方式与文化模式即是社会结构变迁的直接后果。正如列宁所说:"与居民离开农业而转向城市一样,外出做非农业的零工是进步的现象。它把居民从偏僻的、落后的、被历史遗忘的穷乡僻壤拉出来,卷入现代社会的漩涡中。它提高居民的文化程度及觉悟,使他们养成文明的习惯和需要。"[2]

20世纪90年代周晓虹关于北京"浙江村"的研究发现,流动经历与城市体验对温州农民的价值观念、生活态度和行为模式具有重要影响。流动增加了农民对社会变迁的适应性和谋生能力;增加了对新事物的接受性,特别是对异己事物的宽容性;扩大了农民的生活半径,发展出超越血缘和地缘的各种新型社会关系。城市本身的特性和城市各种现代性要素的聚集也促使农民养成现代城市性[3]。21世纪,张乐天基于上海外来农民工的调查研究也得出了相同的结论,进城务工促使农民文化人格发生嬗变。嵌入传统农村生存环境中的个

---

[1] 《马克思恩格斯选集》,人民出版社1972年版,第82页。
[2] 《列宁全集》,人民出版社1959年版,第527页。
[3] 周晓虹:《流动与城市体验对中国农民现代性的影响——北京"浙江村"与温州一个农村社区的考察》,《社会学研究》1998年第5期,第58—71页。

体表现出依附性、保守性、从众性、伦理性的特征,逐步脱嵌农村社会环境,嵌入城市社会环境后,他们的文化人格发生了很大的变化,体现在生活信念、价值判断、为人态度与方式等诸多方面[1]。所以,我们的第五个假设是:外出非农流动经历增加了农民工的城市性。本书通过"外出务工时间"来测量农民工的外出非农流动经历,外出务工时间越长表示农民工非农流动经历越丰富。

基于此,本书提出如下假设:

假设6.2:外出非农流动经历增加了农民工的城市性。

假设6.2a:外出务工时间越长,农民工永久迁移城市意愿越强。

(二) 变量测量

1. 因变量

调查问卷通过题器"如果您不打算在本地长期定居,那您将来最愿意在哪里定居"来获取农民工永久迁移城市意愿。备选答案包括:①老家农村;②老家镇上;③老家的县城或地级市;④老家的省会城市;⑤其他中小城市;⑥其他大城市;⑦其他;⑧不清楚。本书把农民工永久迁移城市意愿分为两类:永久迁移城市(包括打算在本地长期定居和选项③④⑤⑥)与返乡(即选项①②)。为了模型分析的准确性,本书把选择"其他"和"不清楚"的农民工样本删除。

2. 自变量

通过上述文献回顾,我们认为城市文化嵌入是指农民工传统乡土性的减弱、现代城市性的增强,价值观念、生活态度和行为模式不断向城市居民靠拢。城市文化嵌入贯穿于农民工城市化/市民化的

---

[1] 张乐天等:《进城农民工文化人格的嬗变》,华东理工大学出版社2011年版。

全过程。结合调查问卷,本书对农民工城市文化嵌入的测量可以从以下方面着手。

本书通过"与老乡交往是否频繁"和"所在城市本地朋友数量"来测量农民工的社会联结方式,与老乡交往频繁者记为1,反之记为0,作为二分类变量纳入分析模型。问卷中的题器包括"与老乡交往是否频繁",备选答案包括:①没有;②较少;③较多;④很多。本书把与老乡交往情况做二分类变量处理:频繁(即选项③④),不频繁(即选项①②)。没有本地朋友记为0,有几位本地朋友记为1,有很多本地朋友记为2,作为定序变量纳入分析模型。调查通过"是否从政府、群团、企业或民间组织获取过帮助"来测量农民工的正式组织生活状况,肯定回答记为1,否定回答记为0,将其作为二分类变量纳入分析模型。问卷的题器包括"您是否在党政机关、群众团体、企业或民间社会组织开展的活动中获益",备选答案包括:①物质帮扶;②社交拓展;③法律援助;④技能培训;⑤就业扶持;⑥住房、医疗、教育等民生事项;⑦什么都没有。本书把参加正式社会组织生活做二分类变量处理:接触(即选项①②③④⑤⑥至少一项=1),没有接触(即选项⑦=0)。调查通过"您觉得法律是否能够维护您的合法权益"来测量农民工的现代规则意识,肯定回答记为1,否定回答记为0,将其作为二分类变量纳入分析模型。问卷中的题器包括"您觉得法律是否能够维护您的合法权益",备选答案包括:①完全可以;②多数情况下能;③少数情况下可以;④完全不能;⑤说不清楚。本书把这一变量做二分类处理:主观认为法律能够维护合法权益(即选项①②),主观认为法律不能够维护合法权益(即选项③④)。调查通过"过去半年,您平均每月消费多少元"来测量农民工的城市生活方式,将其对数化之后作为定距变量纳入分析模型。调查通过"什么时候开始外出从事非农就业"来测量农民工的外出务工时间,问卷中的题器包括"您是哪一年外出参加工作",要求被访者直接填答外出务工年月,通过计算得到被访者外出务工时长,将其作为连续型变量纳入回归分析模型。

3. 控制变量

调查对性别(男＝1)做二分类变量处理,对年龄(1969年及以前＝0,"70后"＝1,"80后"＝2,"90后"＝3)做定类变量处理,对受教育程度(初中及以下学历＝0,高中同等学力＝1,大专及以上学历＝2)做定类变量处理,对婚姻状况(已婚＝1)做二分类变量处理,对来源地(西部＝0,中部＝1,东部＝2)做定类变量处理,对流入城市(天津＝0,上海＝1,广州＝2,武汉＝3,成都＝4,兰州＝5,哈尔滨＝6)做定类变量处理。

表6-1 城市性的变量测量

变 量		定 义
社会联结方式	与老乡联系	与老乡交往是否频繁(是＝1)
	本地朋友数量	没有本地朋友记为0,有几位本地朋友记为1,有很多本地朋友记为2
现代生活方式	月消费情况(元)	平均每月消费多少元(连续型变量)
正式组织生活	与正式组织发生联系	是否从政府、群团、企业或民间组织获取过帮助(是＝1)
现代规则意识	法律可靠	您觉得法律是否能够维护您的合法权益(是＝1)
流动经历	流动时间	什么时候开始外出从事非农就业(连续型变量)

(三) 分析策略

本章将首先描述农民工在城市文化嵌入方面的主要表现,并重点对新生代农民工和老一代农民工在城市文化嵌入方面的差异做比较,主要使用 Stata 软件的交叉分析和方差分析技术。其次,我们将使用 logit 回归分析技术来探讨城市文化嵌入对农民工永久迁移意愿的影响,把选择返乡作为参照组,构建 5 个回归方程,在控制变量的基础上逐步把城市文化嵌入的具体测量指标放进模型。

二、城市性不足

表 6-2 呈现了农民工城市性的基本情况及其代际比较分析结果,从中可以看出:

在社会联结方式方面,农民工依然以初级社会关系为主,次级社会关系为辅,对初级社会关系比较倚重。与城镇户籍工人相比,农民工与老乡的日常交往更为频繁,拥有更少的本地朋友。不同代际农民工社会联结方式有所差别,老一代农民工明显比新生代农民工更加依赖初级社会关系,他们与老乡联系多于新生代。新生代农民工拥有本地朋友的数量略高于老一代。

在现代生活方式方面,农民工仍然表现得比较传统,在消费方面与城镇户籍工人表现出一定差距。农民工月均消费支出 1 257 元,低于城镇户籍工人 400 多元。不同代际农民工在生活方式上表现出明显差别,新生代农民工消费倾向更强,在消费总量方面,新生代农民工月均消费 1 430 元,高出老一代近 500 元。

在正式组织生活方面,农民工与党政机关、群众团体、企业或民间社会组织接触的机会很少,只有 11% 从这些组织获得过支持,低于城镇户籍工人 7 个百分点。不同代际农民工参与正式组织生活有所差别,新生代农民工参与度略高于老一代。

表 6-2 农民工城市性的描述性统计

	城镇户籍工人 均值或比例	城镇户籍工人 标准差	农民工 均值或比例	农民工 标准差	老一代 均值或比例	老一代 标准差	新生代 均值或比例	新生代 标准差
与老乡联系	2.29	0.73	2.52	0.77	2.59	0.80	2.47	0.75
本地朋友数量	2.12	0.66	1.91	0.68	1.90	0.71	1.91	0.66
月消费情况(元)	1 674.73	1 240.52	1 256.86	944.98	961.96	706.38	1 430.40	1 021.76
与正式组织发生联系	0.18	0.39	0.11	0.31	0.09	0.29	0.12	0.33
法律可靠	2.19	0.74	2.17	0.79	2.11	0.81	2.20	0.78

在现代规则意识方面,法律作为现代公共规则在农民工群体中受到的认可度很低,发挥作用也很小。5%的农民工认为法律可靠,能够维护自己的合法权益。这一点上城镇户籍工人和农民工并没有差别,不同代际农民工之间也没有表现出明显不同。

三、城市性对农民工永久迁移意愿的影响

表6-3提供了城市性对农民工永久迁移意愿影响的回归分析结果,包括2个模型:模型1主要探讨个体特征和区域特征对农民工永久迁移意愿的影响情况,模型2在模型1基础上纳入各自变量。主要发现如下。

在2个回归模型中,性别、年龄、受教育程度、收入对数对农民工永久迁移城市具有稳定的正向显著影响。与女性相比,男性农民工永久迁移城市意愿更弱。与1969年及以前出生的农民工相比,"70后""80后""90后"农民工永久迁移城市的意愿更强,并且"90后"农民工的永久迁移城市意愿强于"80后","80后"强于"70后"。与初中及以下学历农民工相比,高中和大专及以上学历农民工永久迁移城市意愿更强,并且大专及以上学历农民工永久迁移城市意愿强于高中学历农民工。收入水平越高,农民工永久迁移城市意愿越强。就来源地而言,来自中西部的农民工永久迁移城市意愿强于来自东部的农民工。

模型2在控制了农民工个体特征和区域特征之后发现,与老乡的频繁交往显著降低了农民工永久迁移城市意愿,与老乡保持频繁交往的农民工的永久迁移城市意愿是与老乡交往较少的农民工的

表 6-3 城市性对农民工永久迁移意愿影响的回归分析

	永久迁移=1	
	模型 1	模型 2
男性	−0.223**	−0.170*
	(0.104)	(0.115)
"70 后"	0.511***	0.268
	(0.146)	(0.164)
"80 后"	0.862***	0.675***
	(0.151)	(0.170)
"90 后"	0.982***	0.715***
	(0.191)	(0.212)
高中	0.507***	0.434***
	(0.121)	(0.134)
大专及以上	1.454***	1.240***
	(0.170)	(0.180)
已婚	−0.088	−0.035
	(0.150)	(0.166)
来自中部	0.283*	0.234
	(0.165)	(0.179)
来自东部	0.253	0.113
	(0.182)	(0.198)
上海	−0.703***	−0.762***
	(0.176)	(0.193)
广州	−0.634***	−0.668***
	(0.174)	(0.192)
武汉	−0.564***	−0.645***
	(0.196)	(0.214)

续表

	永久迁移＝1	
	模型 1	模型 2
成都	−0.352	−0.567**
	(0.223)	(0.243)
兰州	−0.022	−0.009
	(0.229)	(0.259)
哈尔滨	0.448**	0.312
	(0.210)	(0.236)
收入对数	0.259***	0.126*
	(0.096)	(0.111)
与老乡联系(少＝1)		−0.318***
		(0.110)
有几位本地朋友(没有＝0)		0.666***
		(0.187)
有很多本地朋友		0.694***
		(0.200)
月消费对数		0.153*
		(0.088)
与正式组织发生联系(无＝0)		0.411**
		(0.176)
法律可靠(否＝0)		0.064
		(0.117)
常数项	−2.106***	−2.337***
	(0.760)	(0.897)
样本量	2 237	1 893

注：*** $p<0.01$，** $p<0.05$，* $p<0.1$,括号内数字为标准误。

73%。本地朋友数量显著提升了农民工永久迁移城市意愿,有几位本地朋友的农民工的永久迁移城市意愿是没有本地朋友者的1.95倍,有很多本地朋友的农民工的永久迁移城市意愿是没有本地朋友者的2.00倍。可见,次级社会关系增加了农民工永久迁移城市意愿。参与正式组织生活显著提升了农民工永久迁移城市意愿,参与正式组织生活的农民工的永久迁移城市意愿是没有参与正式组织生活者的1.51倍。消费倾向显著提高了农民工永久迁移城市意愿,消费水平越高,农民工永久迁移城市意愿越强。认可法律这一现代规则虽然不是影响农民工永久迁移城市意愿的显著性因素,但是两者仍然呈正相关关系。

四、非农流动经历对农民工城市性的建构

表6-4显示,非农流动经历对农民工城市性建构具有一定影响。与外出流动时间较短的农民工相比,外出流动时间较长的农民工表现出更强的城市性。在社会联结方式方面,他们与老乡的联系变少,形成了新的社会关系网络。在现代生活方式方面,他们表现出更强的消费倾向。但是我们也发现,较长的外出务工时间并没有显著提升农民工的正式组织生活参与度,法律也并未得到农民工的普遍认可。其中原因值得探究。此外,表6-3的回归分析再次证明,农民工城市性表现出代际差异。与老一代相比,新生代农民工拥有更多本地朋友,扩大了社会交际圈子;表现出更强的消费倾向;对法律的认可程度也更高。此外,年龄是农民工城市性的重要影响因素,年纪越轻的农民工表现出越强的城市性,特别是新生代农民工对城市生活

表 6-4　非农流动经历对农民工城市性的影响

	与老乡联系（频繁＝1）	本地朋友（有＝1）	与正式组织发生联系（是＝1）	法律可靠（是＝1）	月消费对数
	模型 1	模型 2	模型 4	模型 5	模型 11
男性	0.233***	0.261*	0.162	−0.201*	−0.041
	(0.089)	(0.156)	(0.143)	(0.105)	(0.027)
新生代农民工	−0.098	0.845***	−0.043	0.278**	0.262***
	(0.117)	(0.210)	(0.202)	(0.137)	(0.035)
已婚	0.525***	−0.157	−0.464**	−0.177	−0.297***
	(0.112)	(0.215)	(0.185)	(0.129)	(0.034)
来自中部	−0.106	0.269	0.635***	−0.147	0.108**
	(0.148)	(0.238)	(0.238)	(0.171)	(0.044)
来自东部	−0.293*	1.016***	0.863***	0.009	0.021
	(0.163)	(0.294)	(0.261)	(0.189)	(0.049)
上海	−0.400**	−0.263	1.456***	−0.358*	0.182***
	(0.158)	(0.257)	(0.296)	(0.194)	(0.047)
广州	0.080	0.358	0.819***	−0.990***	0.167***
	(0.158)	(0.288)	(0.309)	(0.187)	(0.047)
武汉	−0.475***	0.404	0.544	−0.430**	0.140***
	(0.170)	(0.290)	(0.342)	(0.206)	(0.051)
成都	−0.798***	0.813**	2.006***	−0.488**	0.168***
	(0.197)	(0.336)	(0.349)	(0.235)	(0.059)
兰州	−0.216	1.127***	1.669***	−0.183	0.108*
	(0.205)	(0.364)	(0.372)	(0.256)	(0.061)
哈尔滨	−1.097***	0.339	0.168	−0.627***	0.163***
	(0.177)	(0.290)	(0.374)	(0.210)	(0.052)

续表

	与老乡联系 （频繁＝1）	本地朋友 （有＝1）	与正式组织发生联系 （是＝1）	法律可靠 （是＝1）	月消费对数
	模型 1	模型 2	模型 4	模型 5	模型 11
收入对数	0.340***	0.791***	0.174	0.109	0.403***
	(0.083)	(0.154)	(0.128)	(0.096)	(0.024)
非农流动时间	−0.015**	0.057***	−0.005	−0.010	0.008***
	(0.007)	(0.013)	(0.012)	(0.008)	(0.002)
常数项	−2.408***	−5.404***	−4.854***	1.014	3.481***
	(0.654)	(1.206)	(1.037)	(0.762)	(0.193)
样本量	2 433	2 433	2 431	2 060	2 424

注：*** $p<0.01$，** $p<0.05$，* $p<0.1$，括号内数字为标准误。

方式更加认可，与父辈们表现出明显的差距，主要体现在消费行为模式方面。

五、小　结

农民工迁移城市不仅仅是物理空间的位移及职业和身份的转换，而且是个人社会性的转变。个人的社会性在传统乡土社会表现为传统乡土性，在现代城市社会表现为现代城市性。传统乡土性是指与农村社会文化生活相匹配的价值观念、生活态度和行为模式的总和，比如学术界经常讨论的小农思想（又称"小农性格"）就是农业生产方式与农村生活环境的产物。现代城市性则是指与城市社会文化生活相匹配的价值观念、生活态度和行为模式的总和,正如德国一句古老的谚语"城市的空气使人自由"。农民工从乡村迁移到城市,职业和生活环境的变化必然会导致思想观念和行为模式的变化。类比工作嵌入理论对离职意愿的分析,我们认为,农民工个体现代城市性越强,越能够匹配并适应城市生活,也就容易做出永久迁移城市的决定。显然,这一分析思路丰富了我们对农民工永久迁移城市意愿和行为的认知。

基于沪浙五城市的调查数据分析结果充分论证了我们的这一核心主张。那些在城市工作和生活的农民工,社会联结方式不再局限于传统的血缘、亲缘、地缘等关系网络,而是发展出新的社会关系类别,比如业缘关系和趣缘关系等。如此一来,他们的生活世界半径得到拓展,社会关系也从同质性强关系向异质性弱关系演变。他们的生活方式逐渐向城市居民靠拢,在衣着穿戴、消费水平和结构、休闲时间安排等方面变得更加现代化。他们也开始熟悉并尝试使用法律这一现代社会控制机制与公共规则,对现代社会组织参与力度也有所加强。并且,农民工城市性的增强影响到其永久迁移城市意愿。数据分析结果表明,次级社会关系、现代生活方式、参与正式社会组织和现代公共规则意识都会提升农民工永久迁移城市的可能性。

研究还显示,非农流动经历从根本上建构了农民工的城市性。非农流动经历越丰富,农民工城市性越强。正如周晓虹所说:"无论是流动经历还是城市体验,都是一个普通农民完成其从传统向现代转变的一个完整过程的两个不可缺少的方面……不过,考虑到中国目前的城乡分离现实,流动经历的获得对农民现代性的养成恐怕更为重要。"[1]流动拓展了农民工的社会交往,使他们得以超脱血缘、亲

---

[1] 周晓虹:《流动与城市体验对中国农民现代性的影响——北京"浙江村"与温州一个农村社区的考察》,《社会学研究》1998年第5期,第70页。

缘、地缘等封闭性关系网络,适用于陌生人之间的普遍主义规则(或可称为"公共规则")被认可并被遵循。流动还增加了农民工与城市各种现代要素近距离接触的机会,他们很快学会使用智能手机和网络等现代通信技术,在生活方式上向城市居民看齐。随着生产与生活活动在城市的逐步嵌入,农民工开始接触大量的正式社会组织并寻求专业化支持,这也将削弱他们对初级社会关系网络的依赖。当然,走出熟人社区的农民工面临着更多的社会风险和不确定性,但这恐怕是锻造现代城市居民性格的必经之途。从土地中解放出来仍然是农民工流动的第一步,所以生产方式的变革(职业的改变)对农民工城市性的获得具有根本性的影响。

不过,从乡土性向城市性的转换并不是线性的,在适应城市社会生活的过程中,农民工发展出不同的策略。策略之一是选择融入,即农民工进城之后,积极调整自身,适应生产和生活环境的变化,建构新的社会关系,生成新的生活方式,不断向城市主流文化接近。策略之二是选择隔离,在城市复原原有的生活环境和文化,甚至在城市建立自己的文化社区。比如学界研究较多的"都市里的村庄"。这一部分农民工与初级社会群体的联系不但没有减少,反而有所增加。他们在城市重建了自己的生活方式,与现代城市在很多方面格格不入,颇受诟病,形成独特的亚文化类型。不同的适应策略也表现了农民工分层效应,一般来说,选择融入的农民工在城市工作和生活时间较长,有稳定的职业和收入来源,能够支撑自己和家人在城市的社会交往和现代生活方式,他们属于农民工中的"精英"群体,而选择隔离的农民工更多是一种被动和无奈之举,只能在先前社会关系网络和文化中寻求支持和慰藉。数据分析结果还表明,不同代际农民工在城市性方面表现出明显差异。新生代农民工的城市性总体上要强于老一代农民工,特别是在社会关系网络和生活方式方面。这或许能够解释,新生代农民工与老一代农民工相比,在经济融入和社会融入方面没有得到根本改观的情况下,依然保持很强的永久迁移意愿。

吉登斯的结构化理论指出,人类社会并不是一个预先给定的客体世界,而是一个由主体的积极行为所构成或创造的世界[①]。实践就是具有一定知识的、可以运用资源来实施行动的个体在一定时空中运用规则和资源持续不断改造外部世界的行动过程,这些日常生活实践的反复构成了制度性的实践,导致社会制度形成,并成为行动者日常生活实践的中介[②]。在既有二元社会结构下,农民工可以发挥自己的能动性,根据社会情境调整自己的行动策略,并积极地寻找和建构更加符合自身利益以及能够增加自身或家庭福利的社会关系和社会结构,将行动的过程和结果再结构化。就建构城市性而言,农民工可以主动与本地居民及其他省市外来农民工建立良好的互动关系,并且在价值观念、行为习惯和生活方式等方面积极向城市市民靠拢。特别是随着全国户籍制度改革的开展和城乡一体化发展趋势,制度问题相对容易解决,农民工获得城市户口,取得与城市户籍居民同等的市民权是大势所趋。但是有着深厚积淀的中国农民工的乡土性向城市性的转变并非朝夕之功,所以从城市性(城市文化嵌入)角度研究农民工永久迁移具有特殊重要性。

本章虽然提出了流动经历—城市性—永久迁移这一尚未被充分重视的研究思路,但是并不排斥以往关于农民工经济融入、社会融入和城市制度接纳对其永久迁移的影响。事实上,经济、社会和文化层

[①] [英]吉登斯:《社会的构成:结构化理论大纲》,生活·读书·新知三联书店1998年版。
[②] 李红专:《当代西方社会理论的实践论转向——吉登斯结构化理论的深度审视》,《哲学动态》2004年第11期,第9页。

面的融入及个体和制度层面的改变是交织在一起发生作用的,只是为了分析的方便和简捷,研究者通常确定几个核心变量之间的关系。就城市性的获得对农民工永久迁移意愿的作用而言,农民工的经济融入和社会融入其实也是影响农民工城市性获得的重要因素。经济条件对城市性的生成往往具有决定性的作用,只有融入城市本地劳动力市场,农民工才有可能在城市站稳脚跟,城市生活体验才变成可能。只有居住融入(而不是居住隔离)、交往融入(而不是交往隔离),外来农民工才会与本地城市居民、其他外来人口群体形成良好的互动模式,增强交往的异质性和生活的多样性,一种适用于不同人群的现代公共规则(普遍主义准则)才会形成。只有超越局部的生活经验,同情式理解和共同的准则才得以生成,一种符合多方利益的制度安排才是可能的。如张静所言:"这符合社会学的一般逻辑:只有生活本身的改变,才会导致对人理解的改变。"[1]无论是经济融入还是社会融入,都需要更加积极的政策设计与制度改进,当务之急还是要深化户籍制度改革,逐步剥离基于城乡二元户籍制度的公共服务体系,确保外来农民工能够享受基本的城市公民权利。

---

[1] 张静:《制度的品德》,《开放时代》2016 年第 6 期,第 170—178 页。

第七章
结论与展望

借鉴工作嵌入对离职意愿影响的相关理论与实证研究,本书建构了城市嵌入性与农民工永久迁移意愿之间的因果分析模型,分别探讨了城市劳动力市场嵌入、城市社区嵌入和城市文化嵌入的现实状况及其对农民工永久迁移意愿的影响,突破了以往主导农民工永久迁移意愿的两大主要分析框架——理性选择论和社会结构决定论,并且把影响农民工永久迁移意愿的经济和社会文化因素均考虑在内,符合农民工永久迁移的整个实践过程。我们使用问卷调查数据对这一分析模型进行了验证,本章将对数据分析结果进行总结并讨论。

一、主要结论

(一)农民工永久迁移城市意愿强烈但并不希望放弃土地

如果不预设任何前提条件,农民工永久迁移城市意愿较为强烈,接近七成的农民工表示将来愿意在城市长期工作和生活。如果预设永久迁移城市要以放弃农村土地为代价,只有两成的农民工表示愿意永久迁移城市。两个数据之间的差距表明,大多数农民工愿意永久迁移城市,但不一定要以放弃农村土地为代价。这一结果促使我们反思一些地区"土地换社保"的政策设计。如果基于国家统计局近几年农民工动态监测最新数据测算,将来有近两亿农民工涌入城市工作和生活,这将对流入地区城市社会管理和公共服务提出巨大的挑战。此外,如果农民工在城市工作和生活的同时,继续保留农村宅基地和土地,如何通过土地集中流转来防止抛荒等问题需要得到重视。

(二) 愿意永久迁移的农民工更偏向在大城市和省内城市定居

在那些愿意永久迁移城市的农民工中,73%选择在大城市定居,这表明农民工永久迁移城市中的大城市偏好。其中,女性、"70后"、高收入家庭、投资型和智力型流动者对大城市更加偏爱。与中小城市相比,大城市拥有完善的基础服务设施、更多的发展机会、更好的教育和医疗等公共服务资源,对农民工产生了强烈的吸引力。随着国家对农村反哺力度加大,农村基础设施建设和农民生活水平不断提高,与中小城市的差距不断缩小,中小城市对农民工的吸引力变弱。根据陆铭的说法,人口向大城市的聚集是一个自发的过程,根本上是市场力量驱动的结果。省内城市偏好一方面反映出省内迁移成本较低,另一方面反映出文化因素对农民工迁移的影响。中国农民有很重的安土重迁情结,如果能够在本市或本省谋求到合适的发展机会,不少农民工不会选择迁移到外省市,因为那意味着更多风险和不确定性。相比之下,他们更加适应本市或本省的社会文化环境,而且可动用的社会关系网络资源较多,可以避免省际迁移可能带给自己的语言和生活习惯转换的不适应感。

(三) 农民工永久迁移意愿的社会地位分化和代际分化

农民工经常被想象为单一的面孔,他们或是流水线工人,或是街头小商小贩,或是保洁、保安等服务行业从业人员。其实,这一群体存在明显的社会分化,在很多方面具有较大差异。无论从客观的社会经济地位、居住模式、社会网络,还是从主观的社会认同、社会态度来看,农民工均不再表现为一个同质性整体。相应地,农民工的永久迁移意愿也体现出这种分化。数据分析结果表明,智力型迁移农民工永久迁移意愿最强,其次为投资型迁移农民工,体力型迁移农民工永久迁移意愿最弱。智力型迁移农民工因为拥有丰富的人力资本,大多在党政机关、企事业单位从事管理和专业技术工作,决定了其职业的稳定性和高回报性,容易得到流入地城市社会管理和公共服务制度的关照,表现出最强的永久迁移意愿。投资型迁移农民工虽然在城镇正规劳动力市场竞争力小,但是能够及时捕捉市场需求,通过从事非正规经济行业达到较好的经济水平,市场支付能力较强,从而促使他们愿意永久在城市定居。体力型迁移农民工在城市生存和发展境遇最差,缺少城镇劳动力市场所需要的人力资本,主要通过出卖劳动力维持基本生活。由此看来,农民工社会地位分化导致永久迁移意愿分化。

代际分化是农民工社会分化的另外一种形式,学术界讨论较多,主要聚焦20世纪80年代之后出生并于20世纪90年代后期进入城市务工的"新生代农民工"与之前的"老一代农民工"在城市工作和生活中所表现出的种种不同。同样,农民工永久迁移意愿的代际差异也被广泛关注,但是学术界并未达成共识①,这也为本书进一步讨论提供了余地。数据分析结果表明,与老一代相比,新生代农民工永久迁移城市的可能性更大,年龄越轻,农民工永久迁移意愿越强。值得关注的动向是,新生代农民工选择返回老家县城或地级市的比例增加,超过老一代农民工。这表明,虽然新生代农民工向往现代城市文明和生活方式,但是大城市高昂的生活成本让他们望而却步,转而选择生活压力较小的老家县城或地级市生活,反映了这一群体在"回不去的农村"和"留不下的大都市"之后的次优选择。反而是老一代农民工由于进城务工早,迁移时间久,积累了一定的物质基础、专业技能和社会关系网络,为大城市生活奠定了基础。正如有些研究所指出的,愿意在大城市定居的"80前"农民工比现在的"80后"农民工更有能力转变为城市市民②。

(四) 家庭是农民工永久迁移城市的重要影响因素

新迁移经济学的核心观点是迁移与否是家庭决策的结果,全国

---

① 一些研究指出,新生代农民工的定居意愿明显更为强烈。他们对农村社会和文化更为陌生,学习、工作与生活更多在城市生活空间进行,较高的文化程度、职业地位和适应能力使得他们更加渴望得到城市户籍,所以他们永久迁移定居城市的意愿高于老一代农民工。参考许传新:《新生代农民工与市民通婚意愿及影响因素研究》,《青年研究》2006年第9期,第38—43页;章雨晴、郑颂承:《农民工城市定居意愿的代际比较——基于南京市284位农民工的调查》,《湖南农业大学学报》2013年第2期,第44页。另外一些研究指出,新生代农民工和老一代农民工在留城还是返乡意愿方面并没有表现出显著差别,两代农民工的观念和行为等个体特征方面的差异被夸大了,面对同样的社会结构困境,他们的留城定居意愿更多表现出一致性而非差异性。参考张翼:《农民工"进城落户"意愿与中国近期城镇化道路的选择》,《中国人口科学》2011年第2期,第14—26页;吕晓兰、姚先国:《农民工代际差异再研究——基于工资决定和留城意愿的视角》,《经济与管理研究》2014年第9期,第32—42页;朱宇、余立、林李月等:《两代流动人口在城镇定居意愿的代际延续和变化》,《人文地理》2012年第3期,第1—6页;杨菊华:《对新生代流动人口的认识误区》,《人口研究》2010年第2期,第44—53页。
② 张翼:《农民工"进城落户"意愿与中国近期城镇化道路的选择》,《中国人口科学》2011年第2期,第26页。

七城市调查数据分析结果表明这一理论观点对研究中国农民工永久迁移意愿和行为具有较强的适用性。这既是由中国传统家庭主义价值观取向所决定,也是新的社会经济条件下农民工家庭功能重构的结果。数据分析结果表明,家庭的社会经济特征影响了农民工永久迁移意愿。其中,家庭的经济状况发挥了基础性作用:家庭经济条件越好,农民工永久迁移意愿越强。家庭经济条件还影响了农民工的城市偏好。家庭高收入组的农民工将来更愿意在大城市定居,家庭中等收入组的农民工将来更愿意在老家县城或地级市定居。在现有土地制度安排和城市开发背景下,土地承包经营权既是农民工最后的生活保障,又让农民工看到了参与土地升值利益分配的可能性,构成农民工永久迁移城市的最大拉力。数据分析结果表明,老家没有土地资源的农民工永久迁移意愿更强烈。老家相对社会地位也影响了农民工永久迁移意愿。不过,不同于新迁移经济学的假设,相对地位越高,农民工永久迁移意愿越强。这表明,一方面,家庭地位越高,越能够支付城市化的成本;另一方面,不少中国农民工进城是以发展为取向的。这启示政策制定者关于农民工的政策设计要实现从"生存"到"发展"的跨越。举家迁移作为当前农民工流动新趋势,也影响了农民工永久迁移意愿。那些举家迁移者与农村社会的关联越来越少,生活重心不断向城市转移,表现出更强的永久迁移意愿。上述这些结果表明,在研究农民工永久迁移意愿和行为时,家庭必须作为非常重要的影响因素考虑进来。

(五) 迁移时间对农民工永久迁移意愿影响呈倒 U 形

迁移时间对农民工永久迁移意愿的影响并不是线性的,而是呈倒 U 形。农民工永久迁移意愿随着迁移时间呈现出一个先上升后下降的发展轨迹,这一发现与以往农民工永久迁移城市研究的"居留决定居留"假说不同。数据分析结果表明,对大多数农民工来说,他们初到城市的半年到一年,受到制度和市场的双重挤压,处于城市社会边缘,对城市社会的适应能力较弱,容易产生返回老家农村的想法,永久迁移意愿不算强烈。随着城市居留时间的增加,他们的职业和居住日趋稳定,社会关系拓展开来,生活方式逐步城市化,与城市运转的结合日趋紧密,从而表现出较强的永久迁移意愿。但是,随着年老体衰,他们在城镇劳动力市场上越来越丧失竞争能力,基于户籍分割的公共服务供给又带给他们很大压力。就个人生命周期而言,他们大多进入中老年,完成了子女求学、结婚等社会任务,转而选择返回老家农村的可能性增大。他们大多属于第一代农民工,对迁入地和迁出地的影响不容小觑。

(六)城市嵌入性影响了农民工的永久迁移意愿

从农村进入城市,不同社会人口特征的农民工怀抱着不同的梦想和动机。有些是为了生计而奔波,希望在城市谋求一份养家糊口的职业,可以称之为生存驱动型。有些是为了更好的发展,追求一种更有体面和尊严的职业,并享受与之相匹配的福利待遇及城市公共服务资源,可以称之为发展驱动型,农民精英群体的外流大抵属于此类迁移。还有些是为了追求一种城市的文明和生活方式,在青年农民那里,"进城"甚至成为一种成人礼。这一种迁移可以称为城市文明驱动型。但是无论哪种类型的迁移,都不可避免地会带来个体在经济、社会和文化层面的整体性转变。从经济层面来说,迁移前农民的物质基础在于农耕放牧以及派生出的简单的家庭手工业、乡村商贸,迁移后农民进厂务工、进城经商,以一种更为直接的方式卷入了世界市场体系。"中国制造""世界工厂"这些标签与定义裹挟着中国广大农民的迁移进城。同样,他们不仅作为生产者,也作为消费者而存在。包括出租屋经济、低端消费市场在内的一种特殊的城中村经济形态产生了,满足了广大进城农民的各种消费需求。从社会层面来说,迁移进城意味着初级社会关系的断裂,血缘关系网络和地缘关系网络的沟通变得遥远,原本这种面对面的互动和沟通会极大满足人的情感需求。进城农民需要构建新的关系网络。他们在这里通过工作和居住生活结识了新朋友,构建了次级社会关系网络。但是由于中国农民进城的"链式"特征,成群结队的老乡群体在他们的生产和生活中仍然至关重要,当然如有些学者所说,这种初级社会关系在城市不仅是简单复制,而且是因时因地得以重构。从文化层面来说,迁移带来更深刻的变化在于农民思想观念与生活方式的变化。传统发展理论和现代化理论指出,社会发展就是由传统乡土社会向现代城市社会转型的过程。相应地,迁移带给个体精神层面和生活方式层面的变化就是传统乡土性向现代城市性的转型。传统乡土性是指与农村社会文化生活相匹配的价值观念、生活态度和行为模式的总和,比如社会上流行的"小农思想"这种说法。现代城市性则是指与城市社会文化生活相匹配的价值观念、生活态度和行为模式的总和。今天我们并不赞成传统乡土性与现代城市性这样的二元对立分析视角,但迁移带给农民工在文化层面的变化其实也即发生在这样两端构成的连续谱上面,这是一个传统与现代交织在一起的具有多种可能性的空间。

本研究关注迁移带来的这种农民的整体性转变及其后果,特别是对农民工永久迁移意愿的影响。受经济社会学"嵌入"这一概念的启发,本研究使用城市嵌入性来指代农民工卷入城市社会经济生活的程度,主要表现为他们的城市劳动力市场嵌入、城市社区嵌入和城市文化嵌入三个方面,均影响了农民工永久迁移城市意愿。数据分析结果也支持了这一核心假设。

进城农民在城市劳动力市场嵌入的结果可以概括为"脱嵌型劳动关系",即农民工与城镇劳动力市场发生的制度与非制度化连接程度较低,受城镇劳动力市场各种制度和关系结构的约束较弱。这些都严重削弱了农民工永久迁移意愿。具体表现为:参与签订劳动合同、加入工会、与同事良好交往、较高的收入水平、参加社会养老保险均显著提升了农民工永久迁移意愿,而超时劳动、冒险作业、工作环境具有危害性、对劳动权益有意见均显著削弱了农民工永久迁移意愿。这些数据分析结果表明,脱嵌型劳动关系不利于农民工在城市永久定居,是农民工个体与具体社会结构共同作用的结果。人力资本较高的农民工个体在劳动力市场上职业地位较高、回报较高,劳动关系也更为规范,所以他们在城镇劳动力市场的嵌入程度较高。具体社会结构则指农民工作为群体在劳动力市场上的弱势结构地位,主要源于劳动力市场分割、低组织化、弱权益保护体系等。农民工很高的工作流动性是脱嵌型劳动关系的集中体现,也是范芝芬所谓"流动的劳动力体制"的具体表现。这与整个国家的制度安排有关。

进城农民在城镇社区嵌入的结果可以概括为"双重社会脱嵌",即居住隔离和交往隔离。居住隔离是指广大农民工居住空间的一种自动集中,比如城中村、城乡接合部等外来人口聚居部落,或者工厂宿舍、工地工棚等。交往隔离是指农民工的社会关系网络和社会交往对象仍然以家人/亲朋、老乡等初级社会关系网络为主体,这种关系网络在城市排斥与正式社会支持系统缺乏的情况下有扩大的趋势,以至于在城市社会形成新的差序格局。双重社会隔离降低了农民工永久迁移意愿,作用机制包括:第一,居住隔离导致农民工在城市居住的边缘化,边缘化的位置恰恰是公共服务资源稀薄的地方,也就意味着他们不能够充分享受城市公共服务资源,与城市各种社会支持体系的距离较远。第二,居住隔离也会影响到农民工在本地的社会交往圈子,特别是本地人与外地人较少的交流,进一步阻碍了农民工在社会层面的融入。第三,交往隔离把农民工构建为城市的"他者",城市认同感和归属感无法建立,"身在城市,心在农村"成为普遍状态。

进城农民在城镇文化体系嵌入的结果可以概括为"城市性不足",即农民工在城市空间依然保留了很强的乡土文化性格,与城市社会文化生活相匹配的价值观念、生活态度和行为模式尚未充分建立。"城市性不足"会降低农民工永久迁移意愿。比如农民工在城市还没有建立起异质性的关系网络,消费观念还比较保守,对普遍主义规则的遵从程度不高,这些都会限制农民工与城市社会的匹配。相反,农民工个体现代城市性越强,越能够匹配并适应城市生活,也就容易做出永久迁移城市的决定。随着户籍改革的加速推进,城乡融合发展势不可当,进城农民面临的制度障碍与排斥正在逐步化解,但是文化性格的转型并非一日之功,从城市性(城市文化嵌入)角度研究农民工永久迁移具有特殊意义。

二、政策含义

(一) 尊重农民工双向流动的意愿和现实

近三分之二的农民工愿意永久迁移城市,约三分之一的农民工愿意返回老家农村,这表明了农民工双向流动的意愿和现实,但是地方政府对农民工双向流动的重视并不对等,对农民工永久迁移城市意愿的尊重多于对其返乡意愿的尊重,不少地方出现强制"农民上楼"现象就反映出这种倾向,是发展主义意识形态[①]和土地财政双重驱动的结果。其实,双向流动是城镇化进程中农民工主动的策略选择,可以让他们的家庭在城乡两地获得最大收益并分散风险[②]。政府对这两种流动意愿要区别对待,但是应该同等重视。对于那些永久迁移城市意愿较强的农民工,应该创造良好的社会制度环境,提升其城市嵌入度。对于那些愿意选择永久或暂时返回老家农村的农民工,也应该给予充分的尊重,并出台配套社会政策,鼓励其在老家农村创新创业。可以预见,具有流动经历和城市生活经验的农民工将在社会主义新农村建设中成为中坚力量,是农村经济社会发展的新动能。在此意义上,农村不会终结,只会以新的方式存在。

(二) 通过行政手段强制控制大城市人口规模不合时宜

数据分析结果显示,约四分之三的农民工愿意迁移到大城市工作和生活,只有约四分之一愿意迁移到中小城市,表明农民工永久迁移并非"饥不择食",而是表现出明显的大城市偏好。这与当前各大城市通过行政手段控制人口总量形成反差。归根结底,农民工涌入大城市是市场力量驱动的结果,体现了人财物聚集的规模效应和溢出效应[③]。大城市庞大的人财物流制造了更多的生存与发展机遇,

---

[①] 张玉林:《当今中国的城市信仰与乡村治理》,《社会科学》2013年第10期,第71—75页。
[②] [美]范芝芬:《流动中国:迁移、国家和家庭》,邱幼云、黄河译,社会科学文献出版社2013年版,第14—15页。
[③] 陆铭:《大国大城》,上海人民出版社2016年版。

特别是服务型行业需要密集的劳动力,为低端人口提供大量工作机会。大城市拥有更强的相互学习条件,提升了个体人力资本,整个社会劳动生产率得以提高。优质的基础设施和公共服务资源也吸引大量农民工涌入。但是,当前部分流入地城市政府逆城市发展规律而行,通过采取"堵"而非"疏"的政策设计来应对城市社会管理挑战和公共服务资源供给紧张,这不符合农民工的利益,很难得到农民工的积极响应和支持。2017年全国许多城市都出台了人才新政,在住房补贴、落户等方面给予优厚待遇,旨在吸引年富力强、学历层次高的创新创业人才,鲜有城市出台针对低技能者的优惠政策。这些做法违背了城市化的自然规律。当前大城市的产业结构已经发生很大变化,生产性服务业和社会服务业占据相当大比重并成为城市增长的主要动力,低技能劳动者已经成为城市劳动力市场不可分割的组成部分。

当然,北、上、广、深等一些特大城市的确存在交通、环境和治安等城市病,但破解之策应该是加强土地供应、科学规划城市、推动公共服务均等化,同时应该考虑在全国各个省份布局2—3个大城市,不仅可以转移大城市人口压力,而且可以辐射带动周边中小城市发展。农民工的大城市偏好和省内偏好为这一城镇化战略取向提供了充分依据。在全国范围内布局一批大城市并不是要搞"鬼城""空城",导致资源大量浪费,并没有起到吸引人口聚集的效果。中西部地方政府应该借助东部地区产业转型升级的重要历史机遇,加强基础设施建设,大力招商引资,发展实体产业,创造更多就业岗位,把人口留住。没有产业支撑的城市发展不可持续。近些年,成渝城市群、长株潭城市群、武汉都市圈、环鄱阳湖城市群、中原城市群等在经济增幅和人口增长方面均取得了显著成绩。当前大城市主要分布在东部沿海地区和中西部省会所在地,中央和地方政府在政策上更加偏重这些大城市,导致基础设施建设和公共服务资源供给较为集中。下一步应该通过基础设施建设和公共服务资源的分散布局来引导民间资本投资方向,缓解大都市功能过分扩张的现象。在此意义上,通过建设新区来分解城市非核心功能是重要政策选择,比如在首都周边建设雄安新区,上海推出五大城市副中心建设,杭州"一核九星"城市发展布局。如此一来,政府通过引导市场力量来优化城市布局,可以起到"四两拨千斤"的效果。

(三)从"土地换社保"到允许农民带着土地进城

当前有一种颇有影响力的观点,主张农民工以土地换取城市户口,简称为"土地换社保",规定农民工如果想转变为城镇户口,前提是将承包土地交回。地方政府"土地换社保"的方案各种各样,但基本思路是"两换":第一,农民放弃宅基地,换取楼房,集中居住。第二,农民交出承包的耕地、林地,换取城镇居民的社会保障。本书数据分析结果显示,只有两成的农民工愿意放弃农村土地以实现永久迁移城市。可见"土地换社保"并非完全遵循农民工意愿。对大多数农民工来说,他们依然不能够依靠自身人力资本和现有的社会保障制度维持他们在城市的体面生活,在城市工作和生活中遭遇"滑铁卢"后,返回老家农村成为最后退路。此时土地依然是最后的"救命稻草",给农民工提供最后的生存保障。另外一个重要原因是,在快速城市化和土地开发背景下,农民工看到了土地用途转变之后的巨大增值空间,对土地开发收益有了更多期待。在此意义上,土地承包经营权成为农民工参与城市化的主要资本。其实,北京、上海和深圳三地就有不少白领将户口存放在家乡或其他城市。从宏观社会政策的价值取向看,"土地换社保"对农民工不公平,是对现有城乡二元户籍制度的强化而不是削弱。显然,土地城镇化因为可以预见的土地财政收入对地方政府更为有利,而保留农地基础上的人口城镇化对农民工更为有利。总之,化地不化人的"土地换社保"宜缓行。可喜的是,一些地方政府主动转变发展方式,调整经济结构,减少对土地财政依赖,户籍新政直指公共服务均等化这一核心。为创新人口管理方式,积极稳妥推进农业转移人口市民化,统筹推进新型工业化、信息化、城镇化和农业现代化协调同步发展,杭州市于 2016 年 7 月出台《杭州市人民政府关于进一步推进户籍制度改革的实施意见》,规定以全面推进"三地一房"确权登记颁证工作为例,对进城镇落户的农业转移人口,依法保留其在本市范围内合法取得的耕地、林地承包经营权,鼓励和引导其按照自愿原则依法流转或转让承包经营权;保留其原有合法的农村宅基地使用权和房屋所有权,在按规划翻迁建、征地拆迁以及土地整治等建设改造过程中,按"同村同政策"享有合法权利;通过保障房置换等措施鼓励其自愿有偿退出。允许农民带着土地进城,无论从生存还是从发展角度来说,对农民工都是最好的政策设计。这在一些地方政府的户籍制度改革中已经变为了现实,可以使得农民工,特别是第一代农民工在面临城市风险的时候,有足够的经济社会基础选择返乡。

(四) 构建差别化的农民工社会政策

农民工群体早已不是铁板一块,内部发生了社会分化,主要表现为社会地位分化和代际分化。相应地,农民工永久迁移意愿也在这两个维度表现出分化。不同迁移类型和不同代际农民工社会政策需求不同,要在广泛调研基础上制定,防止一刀切。农民工社会政策设计要充分注意到这些分化的存在。就社会地位分化而言,农民工可以划分为投资型、智力型和体力型三种迁移类型,他们在城镇化进程中的诉求不同,政府相关职能部门制定农民工社会政策要广泛调研,分门别类制定政策,防止适得其反。体力型迁移农民工应该成为农民工社会政策的重点对象。他们基于生存动机,依靠在城市出卖体力获得生活所需,绝大多数从事流水线作业和低端服务行业,城市嵌入性最差,既没有足够的市场支付能力,也较少被公共服务溢出资源所覆盖。他们是城市社会的边缘群体,也是流入地城市农民工社会政策最应该托底的人群。一方面要赋能,通过组织各种培训,提升其人力资本水平;另一方面要赋权,尊重其作为城市常住居民所应该享有的就业、住房、子女教育等基本市民权利。

代际分化是农民工社会分化的另一重要维度。与老一代相比,新生代农民工具有更少的农村生活经历,没有从事过农业生产,与农村社会联系更弱,在城市正规部门从事专业技术或管理工作的比例更高。他们向往城市文明,在生活方式方面积极向城镇居民靠拢。农村对他们来说只是意味着远去的故乡,对那些出生在城市的农民工二代来说,只是籍贯和户口所在地而已。他们绝大多数不愿意回去,也未必回得去。所以他们表现出更为强烈的永久迁移意愿。同时,不同于父母辈,他们视迁移为向上发展之路,对城市生活抱有更多期待,具有强烈的权利意识和公平意识。初到城市,他们可能愿意容忍较低的就业和居住质量,但是他们对公平的制度环境有着更高的诉求。如果流入地城市政府暂时无力对外来农民工提供均等的公共服务,那么一定要致力于建设公平的制度环境,以缓和新生代农民工城市嵌入性不足可能引发的社会问题。本书数据分析结果表明,新生代农民工比老一代表现出更强的城市文化嵌入性,这恰恰是他们脱嵌于农村社会的结果,在就业方面也越来越多进入正规部门从事管理或专业技术工作,但是在房价高企和现有住房保障制度安排下,他们的城市社区嵌入仍然表现出明显的居住隔离和交往隔离,亟待农民工社会政策破解。

(五)推进城镇化关键在于提高农民工城市嵌入度

城市嵌入性决定了农民工是否愿意永久迁移城市,城市嵌入度越高,农民工永久迁移意愿越强。如果要顺利推进城镇化,就要提高农民工的城市嵌入性,关键要在以下方面着力。

就业作为农民工的基础性权利和底线利益最值得关注。人力资本决定了农民工的就业能力,因此加大农民工人力资本投资,特别是专业技能培训,是提高农民工就业质量和职业地位的关键所在。从我们的调查样本来看,55%的农民工依然只有初中及以下文化程度,在新生代农民工群体中,40%只有初中及以下文化程度。这也就意味着相当高比例的农民工初中一毕业就可能流入城镇劳动力市场。所以,政府要继续加大对农村义务教育的投入力度,适时将九年义务教育拓展到十二年义务教育,提高接受高中同等学力教育的农村孩子的比例。继续加强对中等职业教育的投入和管理,确保农民工在进入城镇劳动力市场之前都能够具备一技之长。政府要引导企业加强对在职农民工的专业技术和业务能力培训,为农民工成人教育和继续教育提供多种渠道。总之,对农民工人力资本进行投资应该上升为国家政策。要打破劳动力市场的户籍分割和体制分割,完善城乡劳动者平等就业制度,健全公共就业服务机制,保障农民工享有与城镇户籍人口同等的劳动就业权利。各级政府要加大资金保障力度,支持农民工失业人员进行失业登记,免费提供政策咨询、职业指导、职业介绍、职业培训等基本公共就业服务。地方政府部门要监督企业严格落实《中华人民共和国劳动合同法》对劳动者权益保护条例,企业与农民工建立劳动关系时必须签订劳动合同,并且缴纳社会保险。对于冒险作业、超时劳动、工作环境具有危害性等侵害农民工人身权益的行为,要给予最严厉的制裁。工会要在维护农民工劳动权益方面发挥更加积极主动的作用,把农民工组织起来,从而集聚分散的利益,改变农民工在企业中的弱势地位,方便其与企业和政府部门沟通,减少员工与企业的直接摩擦。在当前群团改革背景下,工会或可通过向劳工类社会组织购买服务的形式,为农民工提供各种服务。总之,只有农民工与企业建立了制度化的连接,频繁更换工作现象才能得以避免,农民工才能实现在城市立足的第一步。

非正规就业作为农民工实现向上社会流动的重要通道,显著提升了其永久迁移意愿。本书数据分析结果显示,接近一半的农民工在城市从事非正规就业。其实,在农民工向城市转移过程中,绝大多数初到城市都具有非正规就业的经历。对于农民工从事的非正规经济或非正规就业,政府监管部门不能不分青红皂白,一棍子打死,要看到非正规就业在农民工整个迁移过程中的积极意义。非正规就业往往是农民工自己创造就业岗位,满足市场需求,占用的社会资源很少,很少有社会危害性。首先,要明确农民工非正规就业属于正当的社会就业范畴,与经济性的违法犯罪区分开,营造一种有利于非正规就业的法治和舆论环境。其次,要加强扶持,在登记注册、场地、税收、信贷等多方面给予支持。最后,要加强监管,引导非正规经济有序发展,重点保护非正规就业群体的合法权益。

居住隔离将农民工限制在城中村、城乡接合部、单位宿舍等集中居住区域,一方面影响了他们与本地居民的社会交往,另一方面影响了实际的居住质量,都不利于农民工融入城市社会,从而降低了永久迁移意愿。只有推动农民工城市社会融入,才能够增加农民工永久迁移意愿,保证中国城镇化的顺利推进。要重点从居住和交往两个方面来推动农民工城市社会融入。首先,城中村并非藏污纳垢之地,它是农民工落脚城市的中转站,是农民工在城市的"家园",内部充满各种经济和社会互动。很多成功的农民工都有在城中村生活的经历。对城中村不能够"一拆了之",要正视其存在的合理性和积极意义。尤其需要指出,城中村各种非正规经营活动往往是农民工实现向上社会流动的重要途径。城中村拆迁要适当考虑农民工租户利益,可划拨一定比例土地转让费用建设保障性住房,续租给原农民工租户。其次,要积极推动混合居住社区建设。一是将公共住宅和商品住宅结合起来开发,在同一个小区,公共住宅和商品住宅分别占一定的比例。杭州在商品房小区配建公租房就是一种很好的做法。更进一步的做法是公租房降低准入资格,逐步向中低收入农民工家庭敞开。二是采取分散的方法,把将要开发的公共住宅单元划分成小组团,分散在本地居民和外来农民工中间。最后,以城市居民社区为基本空间,广泛开展形式多样的社区活动,吸引本地居民和外来农民工同时参与其中,通过互动增加彼此同情理解,化解彼此心理隔阂,打破彼此污名化想象,构建真正的现代生活共同体。

三、创新与不足

(一) 创新

第一,全面把握农民工永久迁移意愿。以往研究主要集中在农民工是否愿意永久迁移城市,而没有深入分析其城市定居偏好。本书则弥补了这一研究空缺,除了关注农民工的永久迁移意愿,还着重考察了农民工的城市定居偏好,即多元定居意愿。这使得我们对农民工永久迁移意愿有了更全面的把握。这对当前中国城镇化战略的选择具有启示意义。

第二,准确测量农民工永久迁移意愿。以往对农民工永久迁移意愿或留城定居意愿的测量方式主要包括"如果可以自由地留在城市并作为城市居民,也可自由地回到农村,您更倾向于哪种选择""我想留在城市成为其中一员""您打算在城里再干多久""我会留在城市的""是否愿意放弃土地进入城市生活""是否愿意把户口迁入城市"等。如果测量偏重于主观愿望,研究者就会对农民工永久迁移意愿做出比较乐观的判断。如果测量同时包括意愿和可行性,则会得出更加客观的结论。研究一方面避免将农民工永久迁移意愿与土地、户口捆绑,即农民工永久迁移城市不能以放弃土地为代价。另一方面,本书所关注的农民工永久迁移意愿是农民工将来长期在城市工作和生活的计划,是基于对个体条件与外部社会环境综合考虑之后的一种理性选择,而不是主观上的随意判断。

第三,从城市嵌入性角度构建了农民工永久迁移意愿影响因素的分析框架。以往关于农民工迁移意愿和行为的研究有两种主要解释范式。一是理性选择范式,把农民工看作具有理性精神和计算能力的个体,进城带来的实际或预期的经济社会收益是决定其是否选择永久迁移的根本因素。二是社会结构决定范式,指出农民工所处的社会经济结构和制度环境才是决定农民工是否愿意永久迁移的关键因素,该研究特别关注户籍制度对农民工的各种限制。前者是经济学方法论个体主义和成本—收益模型在移民研究中的具体应用,后者是社会学方法论整体主义和"社会人"假设在移民研究中的具体应用。本书认为农民进城不仅是制度安排的阻碍或推动,也并非个人追求利益最大化的简单理性选择,而是主体与结构二重化的结果,取决于个体条件与社会结构的互构结果。在回顾嵌入性理论脉络基础上,借鉴工作嵌入对员工离职的影响,本书从城市嵌入性角度构建了农民工永久迁移意愿影响因素的分析框架。本书将城市嵌入性这一概念划分为城市劳动力市场嵌入、城市社区嵌入和城市文化嵌入三个层次和维度。基于沪浙五城市调查问卷,描述了农民工"脱嵌型劳动关系""双重社会隔离""城市性不足"的工作与生活现状,探讨了其与农民工永久迁移意愿之间的因果关联。

第四,特别注重探讨社会文化因素对农民工永久迁移意愿的影响。农民工从农村流动到城市,不仅仅是不同物理空间的位移,更是不同社会文化空间的转换。城市和农村是两个迥然相异的社会系统,内部经济社会文化构造、生产和生活方式、文化模式等方面均存在差别。不同的社会系统造就了不同的个体社会文化人格,农村社会系统造就了农民个体的传统乡土性,城市社会系统造就了市民的现代城市性。农民工实现永久迁移城市伴随着传统乡土性向现代城市性的转变。前两种解释范式基本没有关注这一转变。本书指出,实现传统乡土性向现代城市性的转化是农民工永久迁移城市的另一面向,并且是农民工城市化和市民化完成的根本性标志。本书从社会联结方式、现代生活方式、正式组织生活、现代规则意识(现代社会控制机制)等方面考察了农民工城市性的基本情况及其对农民工永久迁移意愿的影响,并且探讨了非农流动经历对农民工城市性的构建作用,初步构建了流动经历—城市性—永久迁移的分析框架,丰富了对农民工市民化的认知。

第五,发现了非正规自雇就业这一农民工实现向上社会流动的重要通道。以往研究对农民工正规就业群体关注较多,对农民工非正规就业群体关注较少。本书对比了正规就业和非正规就业农民工的永久迁移意愿,发现非正规自雇就业是实现农民工向上社会流动,从而提升永久迁移意愿的一条重要通道。农民工人力资本水平较低,进城之后面对多重劳动力市场制度分割,被分流到非正规部门就业或从事非正规经济行业。其中大多数农民工受雇就业,还有一部分农民工自雇就业,包括自雇劳动和自雇经营,比如散工、流动摊贩和无牌小店铺等。这一部分农民工对城市初级劳动力市场(正规就业部门)的嵌入程度很低,但是所提供的服务能够使城市居民低成本满足生活需求。其经济行为深深嵌入城市消费市场,与非正规受雇农民工或在正规就业部门从事体力劳动的农民工相比,更具经济活力和发展前途,是农民工永久迁移城市并适应城市生活的一条可能路径。

(二) 不足

第一,样本覆盖面受限。本次调查范围主要包括沪浙五城市务工和生活的农民工,故调查范围存在一定的地域性,这可能影响了样本结论的推广性。在不同体量城市工作和生活的农民工,以及无任何城市生活体验的农民在永久迁移意愿方面存在何种差异,下一步要加强对比研究。

第二,对政府户籍制度改革相关政策措施的关注不够。流入地针对移民的迁移政策会影响移民永久迁移意愿和行为,流入地城市政府对外来人口的社会政策设计具有重要决定作用。为了应对城市外来人口激增所带来的社会管理和公共服务挑战,不少流入地城市政府积极探索户籍制度改革,出台了不少户籍新政。本书对这些政策的实施效果及其比较关注不够。下一步要加强对户籍改革政策供给的研究。

第三,对迁移带给农民工的社会文化意义挖掘不够。从城市文化嵌入角度研究农民工永久迁移,本书发现了农民工城市性不足的现状及其对农民工永久迁移意愿的限制。但是城乡迁移带给农民工社会文化人格的转变包含了社会心理、价值观念、归属意识等主观层面,需要借助深入访谈和实地参与调查才能够精准把握。

第四,不能够展现农民工永久迁移的动态过程。本书从城市嵌入性角度构建的农民工永久迁移影响因素的分析框架,还是属于静态结构分析。只有在农民工丰富的流动经历中,才能更好把握农民工永久迁移意愿。在不同流动阶段,农民工永久迁移意愿表现如何?社会结构因素与个体条件的互动结果如何,又对农民工永久迁移意愿带来哪些影响?对于这些问题,我们将通过一个个丰富的农民工个体的迁移过程来解答。

专题报告

专题报告一
居住的政治:农民工居住隔离的形成机制与社会后果

一、居住隔离:城市群际关系研究的空间视角

移民研究文献表明,来自不同种族、宗教、国家或地区的移民在迁入城市容易形成聚居区,遵循共同的价值观、风俗习惯和生活方式,逐渐发展成亚文化区域。到了迁移后期,文化因素和阶层、教育、职业等社会经济因素交互作用,移民在迁入地空间分布上与本地居民形成隔离状态,并且固定下来。研究者把这种社会现象称为居住隔离[1]。居住隔离反映了移民在迁入地的居住分化和空间使用不平等,本质上是社会分化的空间表现形式和"景观化",即所谓"物以类聚,人以群分"。只不过居住分化的介质是空间和住房,并且具有自我复制和再生产的特性。

---

[1] 王道勇、郧彦辉:《西方居住隔离理论:发展历程与现实启示》,《城市观察》2014年第1期,第5—13页;黄怡:《城市居住隔离及其研究进程》,《城市规划汇刊》2004年第5期,第65—72页;朱荟、郝亚明:《美国种族居住隔离理论的三种范式》,《贵州民族研究》2016年第1期,第16—22页。

国内关于农民工的早期研究已经注意到了他们选择集中居住的社会事实,体现在一些经典的"城中村"个案研究中,比如项飚的北京"浙江村"研究[1],刘林平的深圳"平江村"研究[2],唐灿和冯小双的北京"河南村"研究[3],杨圣敏和王汉生的北京"新疆村"研究[4]。这些研究由内而外、自下而上对这些外来人口聚居区内部的生产与生活方式进行深度刻画,并尝试解释其形成机制,但尚未从空间角度讨论农民工聚居。

近年来,研究者把居住隔离理论应用于农民工群体研究,尝试从空间角度透视农民工群体在城市遭遇的不平等,发现了农民工集中居住且与本地居民空间隔离的事实,是一种独特且有效的理论视角。孙秀林和顾艳霞使用上海人口调查数据,对外来人口的居住隔离进行测算,发现外来人口呈现由内而外的圈层式分布,并且存在以传统的外来人口聚居区为主的点状、簇状分布。来自不同省份的外来人口与上海本地人口之间的隔离程度不同[5]。梁海祥应用空间插值法对上海"六普"的数据分析,呈现了外来人口在上海的空间分布状况,包括内城"移民化"倾向和郊区化的居住隔离。文章指出双重劳动力市场下的职业分割是居住隔离形成的重要机制[6]。

---

[1] 项飚编著:《跨越边界的社区:北京"浙江村"的生活史》,生活·读书·新知三联书店2000年版。
[2] 刘林平:《关系、社会资本与社会转型——深圳"平江村"研究》,中国社会科学出版社2002年版。
[3] 唐灿、冯小双:《"河南村"流动农民的分化》,《社会学研究》2000年第4期,第72—85页。
[4] 杨圣敏、王汉生:《北京"新疆村"的变迁——北京"新疆村"调查之一》,《西北民族研究》2008年第2期,第1—9页;王汉生、杨圣敏:《大城市中少数民族流动人口聚居区的形成与演变——北京新疆村调查之二》,《西北民族研究》2008年第3期,第6—16页。
[5] 孙秀林、顾艳霞:《中国大都市外来人口的居住隔离分析:以上海为例》,《东南大学学报(哲学社会科学版)》2017年第4期,第120—129页。
[6] 梁海祥:《双层劳动力市场下的居住隔离——以上海市居住分异实证研究为例》,《山东社会科学》2015年第8期,第79—86页。

有研究探讨了居住隔离对外来人口城市融入的影响。陈志光的研究揭示,居住隔离是社会距离产生的重要因素,居住在城中村、棚户区、城乡接合部、农村社区的农民工的社会距离明显大于居住在别墅区、商品房、机关事业单位社区的农民工,邻里隔离减少了互动和沟通的机会,拉大了不同群体之间的社会距离。已购商品房农民工社会距离较小,而租房居住者社会距离较大[1]。甘满堂和王岩的研究发现,随着旧城改造与城市空间不断扩张,越来越多的农民工从原先栖身的"城中村"被赶到"城郊村",农民工住居边缘化与空间隔离越来越明显,带来交通成本越来越高、居住环境不断恶化、社会隔离感越来越强的负面后果[2]。戚迪明和张广胜的研究显示,居住空间隔离、职业空间隔离对农民工的城市融入有显著的负面影响[3]。徐延辉和邱啸对2014年全国流动人口动态监测数据的分析发现,拥有住房产权、居住区位靠近市区、与本地人混合居住均显著提高了农民工的本地城市认同[4]。潘泽泉和何倩对2012年湖南省农民工调查数据的分析发现,农民工与城市居民的居住空间距离越接近,越倾向于认同自己是城市人,从而在心理上融入城市[5]。

总的来说,从空间角度出发对农民工居住及其后果的研究还处于起步阶段,并且存在以下局限:个案研究和定性论述较多,数据支

---

[1] 陈志光:《居住隔离与社会距离》,《中共福建省委党校学报》2018年第3期,第87—95页。
[2] 甘满堂、王岩:《农民工住居边缘化与空间隔离——从城中村到城郊村》,《福建论坛(人文社会科学版)》2008年第1期,第123—126页。
[3] 戚迪明、张广胜:《空间隔离与农民工城市融入》,《华南农业大学学报(社会科学版)》2017年第2期,第81—90页。
[4] 徐延辉、邱啸:《居住空间、社会距离与农民工的身份认同》,《福建论坛(人文社会科学版)》2017年第11期,第127—136页。
[5] 潘泽泉、何倩:《居住空间、社会交往和主观地位认知:农民工身份认同研究》,《湖南社会科学》2017年第1期,第80—87页。

撑的定量研究较少,特别是基于全国范围数据;把农民工视为一个整体,尚未探讨农民工群体内部的居住空间分化;大多从结构视角探讨农民工居住隔离形成机制,忽视了农民工的主动选择,缺少基于行动视角的分析;对居住隔离的社会后果关注不够;破除居住隔离现象的针对性的具体操作政策建议较少,缺少政策实践范本。本报告将使用 2013 年全国七城市流动人口调查数据和长三角七城市劳工调查数据农民工子样本①,尝试解答这些问题。

二、外来人口聚居区：农民工主要的居住形态

已有研究发现,农民工城市边缘地位在住房上的表现就是在城中村和城乡接合部的大量聚集,形成以外来人口为主体的大型聚居区。我们的调查数据分析结果支持这种判断。专表 1-1 显示,被访农民工中 34.08% 与本地人混居,65.92% 与外地人聚居。可见农民工与本地居民之间存在明显的居住隔离,外来人口聚居成为农民工的主要居住形态。居住隔离与户籍属性的相关分析结果表明,外来

---

① 两次调查都在 2013 年,全国七城市流动人口调查数据源自南开大学关信平领衔的教育部 2012 年度哲学社会科学研究重大课题攻关项目"流动人口管理和服务对策研究"(12JZD022)与华东理工大学合作,于 2013 年 8—9 月间针对上海、天津、武汉、成都、兰州、哈尔滨、广州 7 个城市流动人口所做的抽样调查。通过配额抽样、滚雪球抽样和偶遇抽样相结合的调查方式,最终获取样本 3 588 个,其中农民工样本 2 525 个。长三角七城市劳工调查数据源自上海社会科学院卢汉龙领衔的 2012 年度国家社科基金重大项目"新生代农民工群体研究:基于流动人口服务和管理的视角"(12&ZD080)在上海、南京、南通、常州、杭州、宁波、温州 7 个城市所做的抽样调查,最终调查获取样本 5 049 个,其中农民工样本 3 314 个。

农民工中 32.31% 与本地人混居,不仅低于城镇户籍被访者,而且低于本地农民工。可见,外来农民工面临最为严重的居住隔离。这与既有研究强调户籍属地差别而产生居住隔离的观点基本一致[①]。

那么农民工通过什么途径解决自己的居住问题?专表 1-1 显示,接近一半(48%)的农民工居住在私人出租屋,即这一部分农民工通过租赁市场租借房屋。还有很大一部分农民工居住在员工宿舍和

专表 1-1 农民工居住隔离的基本状况(%)

		农民工样本	外地农村	外地城镇	本地农村	本地城镇
居住隔离	外地人聚居	65.92	67.69	50.72	45.95	39.09
	本地人混居	34.08	32.31	49.28	54.05	60.91
居住场所	员工宿舍	30.57	31.40	21.79	21.18	27.27
	私人出租屋	48.00	47.59	45.53	52.71	37.06
	工作场所	5.82	6.16	4.36	1.97	0.70
	自购房	7.17	6.68	17.21	12.81	23.78
	自建房	0.99	0.65	0.44	4.93	3.50
	借住亲友	2.34	2.33	5.12	2.46	4.90
	公租房	2.26	2.28	2.94	1.97	1.40
	廉租房	1.66	1.68	1.09	1.48	0.00
	其他	1.19	1.25	1.53	0.49	1.40
城市区位	市区	44.71	44.61	54.15	45.81	58.74
	近郊	37.02	36.64	36.14	41.38	32.17
	远郊	14.63	15.22	8.95	7.88	6.29
	农村	3.65	3.53	0.76	4.93	2.80

① 陈杰、郝前进:《快速城市化进程中的居住隔离——来自上海的实证研究》,《学术月刊》2014 年第 5 期,第 17—28 页;袁媛、许学强:《广州市外来人口居住隔离及影响因素研究》,《人文地理》2008 年第 5 期,第 61—66 页。

工作场所,分别占比 30.57% 和 5.82%。农民工在城市拥有产权房的比例很低,只有 7.17%,享受政府提供的公租房和廉租房的比例也很低,加起来只有 3.92%。从城市区位分布来看,44.71% 的农民工居住在市区,37.02% 居住在城市近郊,14.63% 居住在城市远郊,还有 3.65% 居住在农村。

从专表 1-2 城市区位与农民工居住隔离的相关分析结果看,无论在市区、近郊、远郊、农村,外来农民工与本地居民的隔离都很严重,超过 50%。外来农民工在城市的居住呈现出"大分散、小集中"的特点。市区城中村、城乡接合部的外来人口聚居区和单位提供的宿舍是农民工的 3 种主要居住形态,在城市各区域呈块状分布。相对来讲,在市区和城乡接合部,选择租赁私人房屋占比稍高;在远郊区,居住在厂区宿舍占比稍高。这与城市产业的区位布局有很大关系。

专表 1-2　城市区位与农民工居住隔离(%)

		市区	近郊	远郊	农村
居住隔离	外地人聚居	63.71	70.06	74.85	58.33
	本地人混居	36.29	29.94	25.15	41.67
居住场所	员工宿舍	34.75	35.16	38.58	31.82
	私人出租屋	49.18	51.11	44.49	65.91
	工作场所	9.02	4.63	7.87	0.00
	自购房	1.97	3.60	1.97	0.00
	自建房	0.00	0.51	0.39	0.00
	借住亲友	0.98	0.51	1.97	0.00
	公租房	1.15	1.89	2.36	0.00
	廉租房	1.31	1.72	1.18	2.27
	其他	1.64	0.86	1.18	0.00

三、结构与行动:居住隔离的形成机制

如前所述,以往研究更多关注农民工在流入地城市居住的社会结构困境,对农民工作为行动主体的主观能动选择关注不够。本节首先检验住房市场分化和住房保障制度短缺这两个农民工居住隔离形成的重要作用机制,同时指出农民工主观选择的重要影响,意在揭示社会结构因素和农民工主观选择共同导致了居住隔离现象。

(一) 市场分化

1994 年国务院下发的《关于深化城镇住房制度改革的决定》确立了"建立与社会主义市场经济体制相适应的新的城镇住房制度,实现住房商品化、社会化"的目标,改变了计划经济体制和单位制组织体系下的福利分房,逐步过渡到以市场为主体提供住房。市场作为资源配置的手段,本就是一种分化机制,只有那些具备较高市场支付能力的个体才能够通过市场解决居住问题。不同社会阶层的居住区位、房屋质量不可避免出现分化,居住隔离初见端倪。在市场发挥决定性作用、房价高企的当下,农民工经济基础薄弱,市场支付能力较低,在住房市场处于边缘地位。他们无法通过住房市场获得产权住房,选择了租金便宜的外来人口聚居区或单位宿舍解决居住问题。

我们选取了教育、职业和收入 3 个通用的社会地位测量指标,探讨农民工社会地位与居住隔离的相关关系。下文主要从教育和职业两个维度进行分析。

专表 1-3 显示,从教育维度看,受教育水平越低,农民工聚居的

比例越高,与本地居民混居的比例越低。初中及以下学历农民工中只有 25.29% 与本地人混居,74.71% 与外来人口聚居。高中学历农民工中有 36.48% 与本地人混居,63.52% 与外来人口聚居。大专及以上学历农民工中 47.84% 与本地人混居,52.16% 与外来人口聚居。农民工受教育水平整体偏低,超过一半的农民工只接受过初中及以下教育,只有 21.82% 的农民工接受过大专及以上教育,从而造成农民工与本地人居住隔离的结果。

专表1-3 社会地位与农民工居住隔离(%)

社会地位	农民工样本	外来人口聚居型	与本地人混居型
初中及以下	55.41	74.71	25.29
高中	22.77	63.52	36.48
大专及以上	21.82	52.16	47.84
体力劳动者	53.98	74.67	25.33
智力劳动者	32.26	57.91	42.09
投资经营者	13.76	60.29	39.71
低收入组	35.31	65.20	34.80
中等收入组	38.16	70.82	29.18
高收入组	26.53	66.67	33.33

从职业维度看,职业地位越高,农民工与本地人混居的可能性越大。体力劳动者中只有 25.33% 与本地人混居,74.67% 与外来人口聚居。智力劳动者中 42.09% 与本地人混居,57.91% 选择与外来人口聚居。投资经营者中 39.71% 与本地人混居,60.29% 与外来人口聚居。尽管农民工职业越来越多元,呈现一定的向上流动,但是职业地位整体上仍然偏低,超过一半的农民工仍然从事一线操作工或二线辅助工等体力劳动。职业特征也决定了农民工的聚居状态。

在城市社会,拥有产权住房不仅表明个体具有较强的市场支付能力,而且成为新的社会分层维度,是个体社会地位的重要标志。在"户口产权化"①背景下,在城市拥有产权住房还是取得城市户口以及附带的城市公共服务资源的必要条件。农民工在城镇住房市场的边缘地位决定了其很少有足够的支付能力获得产权住房,也就注定了他们与本地人分开居住的社会事实。专表 1-4 居住场所与农民工居住隔离的相关分析表明,居住在自购房和自建房的被访农民工与本地人混居的比例分别为 76.10% 和 83.33%,远远高于居住在员工宿舍、私人出租屋、工作场所的农民工。

专表 1-4 居住场所与农民工居住隔离(%)

居住场所	农民工样本	外来人口聚居型	与本地人混居型
员工宿舍	30.57	74.51	25.49
私人出租屋	48.00	68.26	31.74
工作场所	5.82	77.27	22.73
自购房	7.17	23.90	76.10
自建房	0.99	16.67	83.33
借住亲友	2.34	31.11	68.89
公租房	2.26	50.00	50.00
廉租房	1.66	61.11	38.89
其他	1.19	75.00	25.00

专表 1-5 显示,当调查员询问"您选择住处最看重的因素有哪些"时,超过一半的被访农民工选择"离工作地点近"和"花费少",这是影响住房选择的两个首选因素。对小区居住环境,他们并不觉得

---

① 陈映芳、卫伟主编:《寻找住处:居住贫困和人的命运》,上海古籍出版社 2015 年版,第 28—30 页。

特别重要。这表明就业和收入(而不是居住的舒适度)是形成外来人口聚居区的重要因素。"工作在城市,消费在农村"是农民工典型的两栖生活状态,也是他们的生存策略。他们在城市生活会尽量压缩居住方面的开支,选择低廉而又靠近工作地点的外来人口聚居区,尽管居住环境是"脏、乱、差"。数据相关分析结果支持了我们的判断。相比与本地人混居者,与外来人口聚居的农民工在选择住宿时更加看重"花费少",较少关注居住环境和质量。

专表1-5　农民工选择住处最看重的因素(%)

		农民工样本	外来人口聚居型	与本地人混居型
花费少	看重	54.68	72.74	27.26
	不看重		61.47	38.53
住房面积大	看重	12.49	63.35	36.65
	不看重		68.25	31.75
离工作地点近	看重	58.33	68.14	31.86
	不看重		66.98	33.02
邻近老乡亲友	看重	6.07	75.00	25.00
	不看重		67.16	32.84
交通方便	看重	34.85	60.64	39.36
	不看重		71.33	28.67
生活便利	看重	33.90	60.50	39.50
	不看重		71.19	28.81
小区环境好	看重	17.84	55.10	44.90
	不看重		70.32	29.68
小区治安好	看重	13.36	58.08	41.92
	不看重		69.03	30.97
距学校近	看重	7.49	61.11	38.89
	不看重		68.22	31.78
附近工作机会多	看重	5.11	74.29	25.71
	不看重		67.31	32.69

(二) 保障缺位

与住房市场化改革相配套的是逐步推开的城镇保障性住房建设和逐步完善的住房公积金制度。经济适用房、廉租房和公共租赁住房构成了三位一体的城市住房保障体系,主要解决城镇住房困难群体的居住问题。在城市大规模拆迁开发背景下,拆迁安置住房也成为地方城市住房保障体系的重要组成部分,解决了动拆迁居民的住房问题。但是现有城市住房保障制度主要面向城市户籍居民,尚未纳入外来务工人员,反倒是强化了农民身份和市民身份的差别待遇。比如,经济适用房和廉租房主要是针对具有本地城市户籍的住房困难群体;公共租赁住房逐步放低户籍门槛,除了解决本地城市住房困难户的居住问题外,还逐步向外省市户籍人口放开,但是这种松动是有限的[1];在城市动拆迁中,外来农民工也总是作为"沉默的第四方"[2]存在,并没有作为利益相关者进入决策者的视野。

专表 1-6 显示,农民工享受公租房和廉租房的比例很低,占比分别只有 2.26% 和 1.66%。但是,与本地人混居的农民工享受保障性住房的比例还是略高于外来人口聚居区的农民工。

住房公积金制度作为住房保障制度的重要设计,是我国住房制度改革的重要内容和中心环节,是住房分配货币化的一种形式,还是在社会主义市场经济条件下改善城镇居民住房条件的有效途径。各地利用住房公积金解决了一部分城镇居民的住房问题,不少城镇居

---

[1] 梳理各个城市的公租房申请条件后发现,流入地城市对申请人的学历(一般都要求本科以上)、专业(一般是市里重点急需引进专业)、职业(要求职业稳定,缴纳社会保险)等具有严格的要求,很多外来农民工根本无法达到这些条件。

[2] 赵晔琴:《"居住权"与市民待遇:城市改造中的"第四方群体"》,《社会学研究》2008 年第 2 期,第 118—132 页。

民用住房公积金贷款购买了住房,居住条件得到改善。但是,农村没有建立住房公积金制度。虽然《住房公积金管理条例》原则上要求工作单位办理住房公积金缴存登记,并且为本单位职工办理住房公积金账户设立手续,但是这一住房保障制度并没有惠及绝大多数进城的农民工。专表1-6显示,只有9.71%的被访农民工缴纳公积金,比例非常低。相关分析结果显示,是否缴纳住房公积金与农民工居住隔离也有一定相关性。缴纳住房公积金增加了与本地人混居的可能性,高出未缴纳公积金近11个百分点。

专表1-6 住房保障与农民工居住隔离(%)

	农民工样本	外来人口聚居型	与本地人混居型
缴纳公积金	9.71	58.62	41.38
未缴纳公积金	90.29	69.53	30.47
公租房	2.26	1.61	3.11
廉租房	1.66	1.47	1.81

总之,外来农民工并不是保障性住房制度托底的政策实施对象,为了解决居住问题,他们只能依靠自己,"八仙过海,各显神通"。

(三)自我选择

除了户籍和市场因素等社会结构的限制,自我选择也是外来人口聚居区形成的重要原因,体现了农民工个体的主观能动性。对外来农民工而言,城市是充满各种结构压力的异质性新世界,面对各种制度障碍和社会排斥,他们需要借助先前的老乡关系或者与同等社会结构位置的其他外来人口共同渡过难关,互帮互助、共同取暖。初级社会关系得以在农民工聚居区复制和再造,具有较强凝聚力的共同体以及对这种共同体的认同(归属)开始形成。专表1-5显示,约有6%的农民工在选择居住地点时会考虑离老乡近一些,并且看重老乡关系的农民工更有可能选择外来人口聚居区。

外来人口聚居区不仅是一种居住空间,也是大量非正规经济存在的空间。外来人口大量聚集产生了生产和生活各方面的需求,低端产业链开始形成。对低端产业的经营者和从业人员而言,外来人口聚居区创造了他们生存和发展的机会,他们主动选择留下。专表1-7就业类型与农民工居住隔离的相关分析表明,与正规就业群体相比,非正规就业农民工选择外来人口聚居区的可能性更大。在城市,流动摊贩经营者、小工厂或店铺的受雇者、散工或零工、收废品者、有手艺的小工匠中,70%以上都会选择外来人口聚居区。

专表1-7 就业类型与农民工居住隔离(%)

		农民工样本	外来人口聚居型	与本地人混居型
正规就业	生产工人	24.02	77.19	22.81
	后勤服务人员	12.10	67.09	32.91
	专业技术人员	12.19	63.83	36.17
	基层管理人员	4.48	62.50	37.50
	中高层管理者	1.46	56.67	43.33
	销售人员	7.71	51.05	48.95
	办公室工作人员	6.29	51.72	48.28
非正规就业	有营业执照的固定场所经营者	9.35	58.89	41.11
	没有营业执照的固定场所经营者	2.48	54.00	46.00
	流动摊贩经营者	2.13	72.34	27.66
	小工厂或店铺的受雇者	9.18	71.79	28.21
	散工或零工	7.00	79.74	20.26
	收废品者	0.27	100.00	0.00
	有手艺的小工匠	1.33	76.92	23.08

四、城市亚文化区域:居住隔离的社会后果

吉登斯曾经这样描述移民聚居区:"这些区域的文化与周边区域存在明显的差别,群体隔离与空间隔离从而形成了契合。"[1]同样,中国城市的外来人口聚居区作为城乡二元社会结构、住房市场化改革和外来农民工自我选择共同作用的结果,也具备这样的特点,形成一个个独立的、封闭的社会经济子系统,恰如城市中的孤岛一样,较少与外界发生联系,也缺乏主动介入城市生活的积极性,形成了当前中国大城市独特的亚文化区域。

亚文化是指与主流文化相对应的,属于某一区域或某个群体所特有的价值观念、行为规范和生活方式。社会分化程度越高,亚文化出现的可能性就越大。现代城市作为一种复杂的社会组织形态,明显地表现出主流文化与亚文化的并存。城市社会学研究指出,当城市规模、密度、人口混合度达到一定程度,亚文化通常作为差异、隔离和冲突的结果而出现,并常表现为居住社区形式。所以外来人口聚居区不仅是物理居住空间,而且是经济空间和社会文化空间,是一个文化整体,具体表现出以下特征。

(一)建筑景观:城市危旧住宅

专表1-8住房质量与农民工居住隔离的相关分析表明,在住房建筑类型方面,简易房、普通平房和老式楼房是外来人口聚居区的主

---

[1] [英]吉登斯:《批判的社会学导论》,郭忠华译,上海译文出版社2007年版,第46页。

专表1-8 住房质量与农民工居住隔离(%)

		农民工样本	外来人口聚居型	与本地人混居型
住房建筑类型	简易房	10.12	13.68	4.47
	普通平房	24.22	28.08	19.67
	老式楼房	25.22	22.88	29.06
	新式楼房	39.10	33.71	45.90
	其他	1.34	1.64	0.89
居住设施	阳台	45.72	37.24	57.98
	厨房	61.73	54.25	72.11
	卫生间	77.10	70.66	84.70
	热水器	53.68	43.74	66.15
人均居住面积(m²)		16.34	13.87	20.35
住房不满意因素	住房太拥挤	49.05	48.59	53.24
	住房质量太差	43.50	46.10	39.07
	配套设施不全	41.26	41.13	45.12
	社区居民不友好	2.58	2.82	1.86
	环境不好	37.44	40.30	32.09
	生活不便利	16.59	16.92	17.67
	费用高	15.02	15.92	11.63

要建筑景观,分别占比13.68%、28.08%和22.88%。相比之下,与本地人混居的农民工居住在新式楼房的比例更高,占比达到45.90%。在流入地城市,简易房、普通平房和老式楼房主要存在于旧住宅、旧厂区和城中村范围内。这些区域基础设施建设薄弱,利益驱动下的建筑密度过大,违章搭建较多,居住环境破败,居住人群拥挤,属于流入地城市政府的改造对象。在居住设施方面,外来人口聚居区住房质量较差,甚至缺乏厨房、卫生间和热水器等生活必备的居住设施。相比之下,与本地人混居者的居住设施完善很多。此外,被访农民工的人均居住面积为16.34平方米,只有同时期城镇居民人均居住面

积(32.9平方米)的一半左右①。其中,外来人口聚居区的农民工人均居住面积为13.87平方米,低于与本地人混居的农民工近7个百分点。问卷还询问了被访者对住房不满意因素,发现农民工普遍抱怨住房太拥挤、住房质量太差、配套设施不全、环境不好。这一居住满意度现状与他们的客观居住条件相吻合。

(二) 组织形态:内聚型社会关系网络

城市外来人口聚居区的形成蕴含着农民工个体的自我选择(自我隔离),他们利用原有社会关系网络联合起来,应对城市社会的各种风险。反过来,外来人口聚居区这一亚文化区域的形成又锁定了农民工的社会交往范围。专表1-9 社会交往与农民工居住隔离的相关分析表明,与本地人混居的农民工在流入地城市拥有更多的本地朋友,与本地人的交往也更加频繁,并且在主观上对本地人和外地人关系持积极评价态度。相比之下,外来人口聚居区的农民工的社会交往对象更多局限在老乡,并且在主观上更加看重老乡关系。这种聚居状态与农民工的社会交往实践是双向强化关系,共同导致农民工内聚型社会关系网络的形成,成为他们在城市的最重要组织化形态。需要指出,这一社会关系网络不仅是原有血缘、地缘关系在流入地城市的简单复制,而且是农民工在城市生活实践中主动建构的结果,是扩大的初级社会关系网络②。另外,农民工参加工青妇、民间组织、志愿者组织的比例都很低,其中外来人口聚居区的农民工参加

---

① 北京师范大学管理学院、北京师范大学政府管理研究院:《2012 中国民生发展报告》,北京师范大学出版社 2012 年版。
② 罗忆源:《农民工流动对其社会关系网络的影响》,《青年研究》2003 年第 11 期,第 1—3、10 页。

的可能性更低,这就进一步限制了他们扩展次级社会关系的可能性。

专表1-9 社会交往与农民工居住隔离(%)

		农民工样本	外来人口聚居型	与本地人混居型
本地朋友	没有	28.17	34.32	17.49
	有几位	53.05	52.01	54.15
	有很多	18.78	13.67	28.37
与本地人交往	没有	11.33	14.94	5.18
	较少	44.79	51.51	32.64
	较多	37.90	29.27	52.85
	很多	5.98	4.29	9.33
与老乡交往	没有	8.12	7.10	9.07
	较少	40.91	36.97	45.34
	较多	42.14	45.81	37.95
	很多	8.83	10.11	7.64
如果我被欺负,老乡肯定会帮我	不同意	39.70	36.54	42.27
	同意	60.30	63.46	57.74
老乡吃亏我肯定出手相助	不同意	33.32	30.99	35.12
	同意	66.68	69.02	64.88
本地人对外地人态度很友好	不同意	46.55	49.01	40.93
	同意	53.45	50.99	59.07
现代组织参与	工青妇	3.79	3.41	4.32
	民间组织	3.19	2.99	3.87
	志愿者组织	4.27	3.87	4.62

(三) 经济活动:非正规经济的聚集

非正规经济是指没有被纳入政府治理框架的经济形态,也被称为"非正式经济"或"地下经济",涉及广泛的经济活动,包括未注册的就业、短工、散工、夜工等①。根据这一定义，外来人口聚居区存在大量非正规经济成分。一是非正规住房租赁市场。在住房市场化改革和现有城市住房保障制度背景下，农民工的居住需求缺少制度依托。他们对低租金住房的需求与本地居民在城市开发背景下追求土地利润最大化行为，共同构建了外来人口聚居区的非正规租房市场，存在频繁的房屋租赁交易。遍布城中村、城乡接合部的私搭乱建等违章建筑和"群租"现象也是佐证。二是低端服务业的聚集。农民工社会地位边缘位置决定了其无法支付城市正规市场提供的各种成本高昂的生活物质和服务，逐渐在外来人口聚居区内部发展出自我服务的经济体系，小商铺、小作坊、流动地摊应运而生，主要满足外来务工人员的生活需求。这样既解决了在初级劳动力市场不具备竞争优势的老一代农民工的生计问题，还满足了其他农民工的低端消费需求。前述专表 1-7 就业类型与农民工居住隔离的相关分析表明，非正规就业群体居住在外来人口聚居区可能性更大，也就是说外来人口聚居区是城市非正规经济的主要存在空间。专表 1-5 显示，居住在外来人口聚居区的农民工中 74.29% 在选择住处时非常看重附近的工作机会。这里的工作机会包括一部分非正规就业。专表 1-10 日常生活与农民工居住隔离的相关分析表明，农民工的吃穿用度一部分是通过外来人口聚居区的非正规市场实现。颇为讽刺的是，这种非正规经济具有溢出效应，不仅满足外来人口需求，而且满足附近本地城市居民的需求，节约了生活成本。

---

① 艾德加·L.法伊格编著：《地下经济学》，郑介甫等译，上海人民出版社 1994 年版，第 1 页。

专表1-10 日常生活与农民工居住隔离(%)

		农民工样本	外来人口聚居型	与本地人混居型
吃饭	家里	47.07	40.54	54.91
	企业食堂	33.12	38.00	26.34
	路边小摊	9.60	12.16	9.38
	正规餐馆	6.07	4.61	6.25
	其他	4.13	4.69	3.13
买衣服	路边小摊	29.88	33.74	24.40
	网店	10.48	8.54	11.31
	超市	10.35	11.46	8.93
	专卖店	20.74	18.08	24.11
	大商场	21.69	20.50	25.15
	其他	6.86	7.69	6.10

(四) 生活方式:乡土性的延续

城市是一种生活方式[①]。对于外来农民工而言,初入城市的他们多少都要经历文化冲击,但是他们在这里生产和生活,终究要做出改变,要适应并逐步养成城市性。周晓虹基于北京"浙江村"的研究表明,流动经历与城市体验让农民接触到各种现代性要素,从而改变价值观念、生活态度和行为模式[②]。但是在外来人口聚居区,农民工的社会关系网络是扩大化的初级社会关系网络,参与城市生活的广度和深度有限,顽固地坚持着乡土社会的生活方式。专表1-11 现代

---

① [美]路易斯·沃斯:《作为一种生活方式的都市生活》,赵宝海、魏霞译,载孙逊、杨剑龙主编《阅读城市:作为一种生活方式的都市生活》,上海三联书店2007年版。
② 周晓虹:《流动与城市体验对中国农民现代性的影响——北京"浙江村"与温州一个农村社区的考察》,《社会学研究》1998年第5期,第58—71页。

专表 1-11　现代生活方式与农民工居住隔离(%)

		农民工样本	外来人口聚居型	与本地人混居型
信用卡消费	是	19.12	16.83	22.62
月均消费(元)		1 272.71	1 196.22	1 372.46
下班使用语言	普通话	51.05	50.45	56.56
	本地话	3.08	2.97	4.10
	老家方言	18.80	19.06	16.39
	一半一半	27.07	27.52	22.95
现代生活技能	阅读报刊	47.37	45.41	65.16
	用笔写信	43.80	41.91	61.07
	用手机发短信	55.96	54.41	70.08
	用电脑上网	49.31	48.07	60.66
	银行 ATM 取款	58.02	56.47	72.13
休闲方式	看电视	65.92	66.05	64.75
	玩电脑/上网	51.82	51.53	54.51
	聚会/聊天	40.40	39.88	40.08
	逛街/逛商场	31.89	32.06	30.33
	看书/阅读	25.61	24.78	33.20
	打牌	23.74	24.55	16.39
	打麻将	14.18	14.61	10.25
	喝酒	16.94	17.40	12.70
	健身/运动	11.51	11.60	17.66
	旅游	4.50	4.41	5.33
	下棋	6.97	6.61	10.25
	养宠物	1.78	1.66	2.87
	摄影	1.70	1.80	0.82
	收藏	1.18	1.17	1.23

注:"一半一半"指普通话与老家方言各一半。

生活方式与农民工居住隔离相关分析结果表明,在外来人口聚居区,农民工掌握阅读报刊、用笔写信、用手机发短信、用电脑上网、银行ATM取款等现代城市生活技能的占比为40%—60%,明显低于与本地人混居者,看电视、玩电脑/上网、聚会/聊天、逛街/逛商场成了他们最常见的休闲方式,其中,在看电视、聚会/聊天、逛街/逛商场等休闲活动方面,和与本地人混居者没有多少差别。但是,他们在闲暇时间选择打牌、打麻将、喝酒的比例要高于与本地人混居者,选择看书/阅读等学习活动、健身/运动等体育活动、玩电脑/上网的比例要低于与本地人混居者。在消费生活方面,他们仍然表现得比较节约,总体消费水平较低,消费愿望和倾向也较弱,月均消费水平低于与本地人混居者,使用信用卡消费的比例也很低,只有16.83%。

(五) 社会认同:作为城市他者与新底层

在外来人口聚居区特有的生产和生活方式基础上形成的本区域人群特有的价值取向和社会态度,包括特定的价值信仰、身份认同、行动逻辑和话语体系,为这些人群所共享并逐步沉淀下来,是城市亚文化区域自我维系和再生产的主观因素。专表1-12显示,在外来人口聚居区,农民工社会地位自评更低,把自己归为劳工阶层,特别是有约三成的农民工明确认同"社会底层"的身份标签。他们对生活现状表现出不满,只有21.45%认为这个社会比较公平,低于与本地人混居者约11个百分点,25.76%认为个人获得了公平对待,低于与本地人混居者近11个百分点。他们也更倾向于认为自己生活得并不幸福,只有19.87%认为自己生活得比较幸福,低于与本地人混居者近9个百分点。贺雪峰在《新乡土中国》中说:"村庄生活的面向,是指村民建立自己生活意义和生存价值时的面向。有人长期在外工作和生活,但他梦中萦绕的都是家乡的山水,所谓乡土情结,这就是他的生活面向。"①专表 1-12 数据分析结果显示,在外来人口聚居区,63.89%的农民工认为自己是"打工的",高出与本地人混居者近 10 个百分点,31.18%的农民工希望未来在城市永久定居,低于与本地人混居者近 15 个百分点。这表明在外来人口聚居区,有更多的农民工把进城务工作为手段而不是目的。他们的生活目标与人生归属感都在农村,自己生命价值的参照群体也在农村。他们只是作为城市的他者和匆匆过客而存在。

专表 1-12　社会心理与农民工居住隔离(%)

		农民工样本	外来人口聚居型	与本地人混居型
主观社会地位	1—10 分	4.49	4.40	5.30
阶层认同	社会底层	28.36	29.36	19.26
	劳工阶层	64.95	64.07	72.95
	中产阶层	6.08	5.98	6.97
	中上阶层	0.61	0.58	0.82
身份认同	农民工	10.82	10.93	9.84
	农民	3.93	4.14	2.05
	打工的	62.93	63.89	54.10
	工人	13.41	12.54	21.31
	小白领	1.74	1.71	2.05
	管理人员	7.17	6.79	10.66
幸福感	幸福+非常幸福	20.75	19.87	28.69
宏观公平感	公平+很公平	22.57	21.45	32.79
微观公平感	公平+很公平	26.83	25.76	36.48
永久迁移城市	是=1	36.09	31.18	46.13

---

① 贺雪峰:《新乡土中国》,北京大学出版社 2013 年版。

五、结论：农民工的居住问题何以成为政治

郭于华和沈原指出："当居住和生活变成一种国家事务，并成为国家治理的基本内容时，居住就因此而获具了政治的含义，也即'居住的政治'。这种新型的政治形式，虽然不同于正式的国家政治，却又与国家本身有着密不可分的天然联系。""国家的策略和行动不仅构成了居住政治的重要源泉，而且直接塑造了居住政治的表现形态。"[①]但是他们主要关注的是基于产权而维护住房利益的城市本地人群体，城市外来农民工的居住问题未被纳入他们的分析框架。

他们指出："不同的居住形态归根结底所反映的是居民之不同的体制身份、社会地位和资源来源，其背后的根本问题则是权利问题，因而归根结底是市场、国家与公民的关系问题。"[②]这一说法是极具启发性的。本报告认为，农民工的居住问题也是一项政治议题。农民工的居住形态和居住权利是国家、市场和社会之间复杂互动的结果。通过对全国七城市流动人口调查和长三角七城市劳工调查的农民工子样本数据分析，本报告主要发现如下。

外来农民工在流入地城市形成了"大分散、小集中"的块状分布格局，外来人口聚居区成为他们的主要居住形态，与本地居民的居住空间分割开来。这一聚居形态的形成既是市场分化和保障缺位等社会结构因素的作用结果，又蕴含着农民工的主体性选择。外来人口

[①][②] 郭于华、沈原：《居住的政治——B市业主维权与社区建设的实证研究》，《开放时代》2012年第2期，第83—101页。

聚居区在城市形成了特殊亚文化区域,其基本特征是在建筑景观上表现为城市危旧住宅,在组织形态上表现为内聚型社会关系网络,在经济活动上表现为非正规经济的聚集,在生活方式上表现为乡土性的延续,在社会心理上表现为城市疏离感和底层认同的形成。

文军和吴晓凯在《大都市底层社会的形成及其影响——以上海市的调查为例》一文中讨论了底层社会的几个特征:"就生存状态而言,贫困性是底层社会的最直观的特征;就内部特质而言,底层社会在收入、社会地位、文化水平、爱好、兴趣、社会交往等方面逐渐趋于一致;此外,底层社会的现实生活样态不易被外力打破,缺乏主客观条件实现向上流动,呈现出稳定性与区隔性特征。"[①]我们所调查的外来人口聚居区已经具备了底层社会的一些特征,将对大城市社会治理、社会秩序形成严峻挑战。但是外来人口聚居区也是充满希望之地,其内部各种低端产业满足了外来农民工的生活需求,创造了各种可以维持生计的低端就业机会,甚至满足了城市社会底层的生活需求,与城市的正规经济也有千丝万缕的联系。其内部非正式的社会关系网络,同时提供了工具性的物质信息支持和表达性的情感支持。可见,外来人口聚居区形成一种自发自足的秩序。

当务之急是一方面如何充分利用外来人口聚居区这一载体,充分实现对外来人口的公共服务,积极发挥这一聚居形态的正功能,让这一"城市飞地"依然充满生机希望;另一方面则是逐步打破居住隔离,促进居住融入,避免将外来务工人员"特殊化""对象化",以常住人口为口径,将社会治理资源和公共服务资源覆盖到广大城市外来人口。近年来杭州通过持续深入推进公共租赁住房建设、探索集体

---

① 文军、吴晓凯:《大都市底层社会的形成及其影响——以上海市的调查为例》,《华东师范大学学报》2015年第5期,第84—93页。

建设用地建设租赁住房、大力开建面向低端人群的蓝领公寓等举措，建立了三位一体的面向外来务工人员的住房保障体系，是值得大力提倡并积极推广的。不难想象，当政府开始通过积极的社会政策设计，逐步将农民工纳入城市住房保障体系，农民工居住的政治内涵也将随之发生彻底的翻转。

专题报告二
共富背景下杭州促进流动人口住房保障的政策创新研究

浙江是流动大省,也是我国主要的人口流入省份,人口的省外流入和省内跨市、县流动的广度和深度居于全国前列。第七次全国人口普查数据显示:浙江省全省常住人口近6 457万人,10年共增加约1 014万人,增长18.63%,年均增长1.72%;全省人户分离人口超过3 010万人,与2010年第六次全国人口普查相比增长了51.29%;全省流动人口约2 556万人,与2010年相比增加约694万人,增长37.27%。浙江省人户分离人口占总人口的比例为46.6%,明显高于全国约35%的人户分离人口占比,也印证了过去10年里人口持续向长三角等地集聚的现象。在浙江省近2 556万的流动人口中,省外流入人口和省内流动人口分别约1 619万人和937万人,占比分别为63%和37%。

流动人口对地方社会治理和公共服务提出了新的挑战,集中表现之一就是他们的住房问题。绝大多数流动人口市场支付能力弱,不能通过住房市场获得产权住房,而户籍制度隔离又将他们排斥在流入地城市住房保障体系之外。这是人口流入地城市普遍面临的治理和服务问题。

2021年上半年,浙江被确定为高质量发展建设共同富裕示范区,《中共中央、国务院关于支持浙江高质量发展建设共同富裕示范区的意见》中特别指出:对房价比较高、流动人口多的城市,土地供应向租赁住房建设倾斜,探索利用集体建设用地和企事业单位自有闲置土地建设租赁住房,扩大保障性租赁住房供给,加快完善长租政策,使租购住房在享受公共服务上具有同等权利。《浙江高质量发展建设共同富裕示范区实施方案(2021—2025年)》则提出要打造"浙里安居"品牌。健全以公租房、保障性租赁住房和共有产权住房为主体的住房保障体系,完善基础性制度和支持政策,改革完善住房公积金政策机制。探索利用集体建设用地、企事业单位自有闲置土地和存量闲置房屋改建等方式建设租赁住房,有效增加保障性租赁住房供给。建立人口净流入与土地供应联动、地价与房价联控机制,对租赁住房用地实行计划单列,土地供应向租赁住房建设倾斜,探索"限房价、限地价、竞品质、竞租赁住房"土地出让方式,推进商品房现房销售试点。

作为省会城市,杭州一直是省外流动人口和省内其他地市流动人口的目的地。特别是近年来杭州作为"电子商务之都"和"数字经济第一城",吸引了大批流动人口来此生活、就业或创业,成为中国城市格局中的新一线城市的代表。第七次全国人口普查数据显示,截至2020年底,杭州常住人口规模达到1 193.60万人,在册登记的流动人口数为694.74万人,常住流动人口比值达1.72∶1。在此背景下,特别是2017年被确定为全国首批住房租赁试点城市以来,杭州以建立租购并举住房制度为目标,以政府和市场为筹集主体,加快培育和发展租赁住房,初步形成"多层次、广覆盖、可持续"的租赁房源供给体系,具体涵盖住房保障体系和租赁房源拓展体系,以满足流动人口多元化的住房需求。截至2021年7月底,全市新增筹集租赁住房54万套(间),网签租赁合同128.09万份。

一、流动人口住房保障体系建设

第一,持续深入推进公租房建设。2010年,杭州为解决"住房难"问题全面推出公租房。2011年,率先实施商品住宅出让用地配建公租房,明确"2011年商品住房供地总量中安排10%的土地用于建设或配建保障性住房",成为配建政策出台全国最早、实际配建数量全国最多的城市。2017年以来,严格执行"主城区商品住宅项目用地配建比例不低于总建筑面积的10%,萧山、余杭、富阳配建比例不低于5%"。2021年开始按照"一核九星"要求,调整商品住宅用地配建公租房比例为"一核5%、九星10%(临安5%)",引导人口向新城疏散。公租房申请对象包括城市中等偏下收入住房困难家庭、新就业大学毕业生、创业人员。除了第一类人群对杭州市区户籍有所要求之外,第二和第三类人群只要求有外来人口居住证就可以,包括很多在杭州本地就业或创业的流动人口。在运营上,公租房采用实物和货币补贴相结合的方式,申请人既可以选择实物住房,也可以按月领取租金补贴。租金较低,满足过渡需求。根据土地等级不同,杭州公租房租金从5.5元每平方米至36元每平方米不等,通常一套50平方米的小户型两居室月租金在1000元上下,为同类地段同等住房的市场租金的30%,而上海、北京则需要2—4倍的价格。配建公租房享受租购同权。承租人可落户,子女可入学,可以享受社区物业服务等。截至2021年7月底,市区共交付使用公租房房源5.3万余套,已出让商品住宅用地预计可再配建公租房4.78万余套(已开工建设约3.6万套),累计保障人数达34.46万人。此外,从2021年开始,市级财政专项资金将投入100亿元,集中在城区建设4万套公租房,"一核"内每区20万平方米,"九星"内每区28.34万平方米。

第二,面向低技能流动人口推出蓝领公寓。杭州的第三产业占比较高,流动人口又是第三产业从业人员的主体,从事保安、保洁、餐饮、物业等服务性行业。2017年底,杭州在全国率先提出为外来务工人员建设专门的租赁住房——蓝领公寓,按照"政府主导、政策扶持、市场运作、租金适度控制"原则,先后出台《关于加快筹集建设临时租赁住房的工作意见》《关于加强临时租赁住房建设和管理若干问题的通知》等政策文件,明确2018—2020年在上城(原上城区加江干区)、拱墅(原下城区加拱墅区)、西湖、滨江、萧山、余杭(原隶属余杭区)、临平(原隶属余杭区)、钱塘(原钱塘新区)、富阳共9个区3年筹建蓝领公寓4万套的目标,主要通过将拆未拆建筑改建、闲置土地临时新建、国企闲置用房利用、存量安置房源利用、市场房源收储利用等方式筹集房源。蓝领公寓的主要职能是作为企业集体宿舍使用,有单人间、双人间、套间可供选择,拥有独立卫生间,配置公共食堂,每套租金1000元以下,其中,最小户型的单人间月租金不足300元。蓝领公寓用于解决低收入外来务工人员,尤其是服务性行业的员工,如物业、餐饮、保洁、保安等就业人员的住房问题,由各区建设和运营,中央和市级财政给予补贴,由所在单位进行申请,租金不超过相同地段市场租金水平的70%。截至2021年7月底,全市已开工蓝领公寓项目101个,房源4.2万套(间),其中竣工交付项目51个,房源1.99万套(间),46个项目启动租赁受理程序,房源1.85万套(间),目前蓝领公寓累计入住1.73万户、1.98万人次。

第三,探索共有产权住房建设和运营。目前市政府初步确定萧山和临平各自落地1个项目,要求建筑面积在10万平方米以上,为兼顾"职住平衡",共有产权住房在地段选择上要求配套设施相对成熟,或配套设施与共有产权住房共同建设,预计2021年11月底之前开工,2021年底或2022年初进行试点和受理。目前《杭州市共有产权保障住房管理办法》正在征求意见中,持有浙江省居住证,一定年限内在市区无房且在市区连续缴纳社保或个税满一定年限,单身且年满30岁的流动人口可以申请该房。销售基准价按同地段、同类型商品住房市场价格合理优惠后确定,购房家庭可根据支付能力在50%至80%间选择产权份额比例,并按销售基准价对应的不同比例支付房价。共有产权保障住房购房家庭取得不动产证满5年的,可向代持机构提出一次性增购政府份额的申请,增购后住房性质转为商品住房,权利性质调整为出让,但需满10年后方可上市交易。客观上,共有产权住房面向有一定经济实力的流动人口,并为他们在住房产权上提供了一个融入城市社会的通道。

二、租赁房源拓展体系建设

近年来,杭州市各级住房管理部门积极引入政府推进和市场化运作相结合的方式,多渠道供应高品质租赁房源,主要开展了以下工作:

第一,全流程监管自持商品房用于租赁。为遏制高房价、高地价,有效增加市场租赁住房的供应,杭州市下发了《关于杭州企业自持商品房屋租赁管理有关问题的通知》,提出土地拍卖溢价率达到一定比例时,转入竞拍自持比例的规则,明确通过竞投自持比例,确定自持商品房屋应全部对外租赁,不得销售或转让,并制定出台《杭州市企业自持商品房屋租赁管理实施细则》《关于进一步加强对企业自持商品房屋租赁管理的通知》等文件,重点对项目方案联审、自持房屋备案、建设进度确认、项目竣工验收、不动产证办理、租赁合同网签等六大环节进行规范化管理,确保自持商品房屋足额建设,按期开工、竣工和交付,并严格用于公开对外租赁。截至2021年7月底,全市范围内已有210宗涉宅地块出现竞自持比例,其中137宗涉宅自持项目完成房屋备案,房源约2万套(间),面积约190万平方米;32个项目完成租赁备案,1.1万套(间)房源已上传市租赁平台,其中15个项目、4 678套(间)房源启动招租。

第二,盘活改造存量租赁用房。国务院办公厅发布的《关于加快培育和发展住房租赁市场的若干意见》和住建部等九部委联合印发的《关于在人口净流入的大中城市加快发展住房租赁市场的通知》,鼓励将闲置和低效利用的国有厂房、商业办公用房等按规定改建为租赁住房。为做好落实工作,进一步拓展住房租赁市场,2017年,杭州市住房保障和房产管理局出台了《杭州市加快培育和发展住房租赁市场试点工作方案》,明确存量土地、商业办公用地、用房按照规定新(改)建为租赁住房。该方案规定,各区应根据"因地制宜、有序开展"的原则,制定试点工作方案,并报市政府批准后执行。新(改)建项目完成后,住房租赁企业要按照相关规定进行验收,验收合格后,方可对外出租。新(改)建租赁住房土地使用年限不变,只租不售,用水、用电、用气价格按照居民标准执行。截至2021年7月底,杭州通过鼓励专业化住房租赁机构存量盘活、改造利用等途径,新增市场租赁住房39.2万套(间)。

第三,集体土地试点建设租赁住房。在以往城市开发和动拆迁中,外来务工人员容易作为"沉默的第四方"存在,他们的居住权未得到应有重视。根据《国土资源部、住房城乡建设部关于印发〈利用集体建设用地建设租赁住房试点方案〉的通知》要求,由市规划资源局牵头,市住保房管局配合,审慎推进集体建设用地建设租赁房工作,2018年1月,制定上报《杭州市利用集体建设用地建设租赁住房试点实施方案》,获两部委批复,同年开展试点集体建设用地建设租赁住房工作,采用集体使用方式办理供地手续,鼓励村集体通过自主开发、联营、入股等方式进行开发建设。截至2021年7月底,全市共有6宗试点地块,总计土地面积约4万平方米,建筑面积约16万平方米,拟建租赁房源0.18万套,现已全部开工。其中衙前镇集体建设用地建设租赁住房试点项目已竣工,包括130套房源。这一政策安排既能够满足外来农民工的住房需求,又能够为本地村庄拆迁之后的持续发展提供经济来源,可谓一举多得。

此外,杭州还在多渠道加强基于住房的流动人口信息管理和多角度拓展住房租赁积分驱动的福利共享等方面做了探索,并形成一些特色做法。2018年7月1日,《杭州市流动人口服务管理规定》施行,要求市、区人民政府应当建立流动人口信息化管理体系,建设流动人口综合信息平台,实现信息共享和联审联办,进一步明确了城乡建设、教育、公安、民政、人力资源和社会保障、住房保障和房产管理、卫生计生等部门在建设和使用流动人口信息化管理体系中的职能,基本形成了多渠道推进基于住房的流动人口信息管理的格局。《杭州市流动人口服务管理规定》对居住证积分管理做出了授权性规定,为后续出台的相关实施细则提供了法律依据,确保积分管理、积分应用高规格谋划、法制化推进。从操作层面上看,结合后续几轮根据杭州经济社会发展实际对积分管理实施细则的修改,对于流动人口而言,基本形成了多角度拓展住房租赁积分驱动福利共享的新格局。

参考文献

一、著作类

白南生、宋洪远等:《回乡,还是进城?——中国农村外出劳动力回流研究》,中国财政经济出版社2002年版。

[美]彼特·布劳:《不平等和异质性》,王春光、谢圣赞译,中国社会科学出版社1991年版。

蔡昉等:《劳动力流动的政治经济学》,上海人民出版社2003年版。

陈吉元:《中国农业劳动力转移》,人民出版社1993年版。

陈映芳、卫伟主编:《寻找住处:居住贫困和人的命运》,上海古籍出版社2015年版。

[美]范芝芬:《流动中国:迁移、国家和家庭》,邱幼云、黄河译,社会科学文献出版社2013年版。

[美]格兰诺维特:《镶嵌——社会网与经济行动》,社会科学文献出版社2007年版。

辜胜阻、简新华主编:《当代中国人口流动与城镇化:跨世纪的社会经济工程》,武汉大学出版社1994年版。

黄平主编:《寻求生存——当代中国农村外出人口的社会学研究》,云南人民出版社1997年版。

[英]吉登斯:《社会的构成:结构化理论大纲》,生活·读书·新知三联书店1998年版。

[英]吉登斯:《社会学方法的新规则——一种对解释社会学的建设性批判》,社会科学文献出版社2003年版。

[英]吉登斯:《批判的社会学导论》,郭忠华译,上海译文出版社2007年版。

[澳]杰华:《都市里的农家女——性别、流动与社会变迁》,吴小英译,江苏人民出版社2006年版。

[英]卡尔·波兰尼:《巨变:当代政治、经济的起源》,黄树民等译,台北远流出版事业股份有限公司1989年版。

柯兰君、李汉林主编:《都市里的村民——中国大城市的流动人口》,中央编译出版社2001年版。

《列宁全集》,人民出版社1959年版。

《马克思恩格斯选集》,人民出版社1972年版。

[美]迈克尔·P.托达罗:《经济发展与第三世界》,印金强、赵荣美等译,中国经济出版社1992年版。

苏国勋编:《当代西方著名哲学家评传·第10卷(社会哲学)》,山东人民出版社1996年版。

张乐天等:《进城农民工文化人格的嬗变》,华东理工大学出版社2011年版。

张友庭:《社区秩序的生成——上海"城中村"社区实践的经济社会分析》,上海社会科学院出版社2014年版。

朱红:《转换·融合——中国技术移民在加拿大》,社会科学文献出版社2008年版。

Amado, M. L., *Mexican Immigrants in the Labor Market*:

The Strength of Strong Ties, New York: LFB Scholarly Publishing LLC, 2006.

Coleman, J. S., *Foundation of Social Theory*, Cambridge: Belknap Press of Harvard University Press, 1990.

Goodall, B., *The Facts on File Dictionary of Human Geography*, Oxford: Facts on File Publications, 1987.

Gugler, J. and Flanagan, W., *Urbanization and Social Change in West Africa*, Cambridge: Cambridge Universtiy Press, 1978.

Park, R. E. and Burgess, E. W., *The City*, Chicago: The University of Chicago Press, 1925.

Polanyi, K., *The Great Transformation: The Political and Economic Origins of Our Time*, Boston: Beacon Press, 1957.

Wallerstein, I., *The Modern World-System: Capitalist Agriculture and the Origins of the European World-Economy in the Sixteenth Century*, New York: Academic Press, 1974.

Zukin, S. and Dimaggio, P., *Structures of Capital: The Social Organization of the Economy*, Cambidge, MA: Cambridge University Press, 1990.

二、论文类

白南生、何宇鹏：《回乡，还是外出？——安徽四川二省农村外出劳动力回流研究》，《社会学研究》2002年第3期。

蔡昉：《劳动力迁移和流动的经济学分析》，《中国经济学》1996年第2期。

蔡昉、都阳、王美艳：《户籍制度与劳动力市场保护》，《经济研究》

2001年第12期。

蔡禾:《从"底线型"利益到"增长型"利益——农民工利益诉求的转变与劳资关系秩序》,《开放时代》2010年第9期。

蔡禾、王进:《"农民工"永久迁移意愿研究》,《社会学研究》2007年第6期。

蔡玲、徐楚桥:《农民工留城意愿影响因素分析——基于武汉市的实证调查》,《中国农业大学学报》2009年第1期。

陈云川、雷轶:《新生代农民工组织嵌入、职业嵌入与工作绩效研究》,《当代财经》2014年第11期。

陈增荣:《农民工的双向"嵌入"与农民工的生存世界》,《武汉职业技术学院学报》2010年第5期。

程名望、史清华、徐剑侠:《中国农村劳动力转移动因与障碍的一种解释》,《经济研究》2006年第4期。

崔传义:《进入21世纪的农民工返乡创业》,《经济研究参考》2008年第31期。

邓国利:《就业稳定性对农民工城市定居意愿的影响——基于七城市调查的实证分析》,硕士学位论文,华东理工大学,2014年。

邓梅:《异地农民:嵌入与空间政治——对上海M区X村某菜农聚居区研究》,硕士学位论文,华东师范大学,2012年。

杜两省、彭竞:《教育回报率的城市差异研究》,《中国人口科学》2010年第5期。

杜书云:《农村劳动力转移就业成本~收益问题研究》,博士学位论文,郑州大学,2006年。

符平、唐有财:《倒"U"型轨迹与新生代农民工的社会流动——新生代农民工的流动史研究》,《浙江社会科学》2009年第12期。

傅义强:《当代西方国际移民理论研究述略》,《世界民族》2007年第3期。

郭戈:《从脱嵌到再嵌入:新生代女性农民工的风险困境》,《湖南社会科学》2016年第3期。

郭星华、储卉娟:《从乡村到都市:融入与隔离——关于民工与城市居民社会距离的实证研究》,《江海学刊》2004年第3期。

郭星华、杨杰丽:《城市民工群体的自愿性隔离》,《江苏行政学院学报》2005年第1期。

国家统计局服务业调查中心:《农民工生活质量调查之三:对城市生活的评价和希望》,2006年10月24日。

郝大海、李路路:《区域差异改革中的国家垄断与收入不平等——基于2003年全国综合社会调查资料》,《中国社会科学》2006年第2期。

郝亚明:《西方群际接触理论研究及启示》,《民族研究》2015年第3期。

和丕禅、郭金丰:《制度约束下的农民工移民倾向探析》,《中国农村经济》2004年第10期。

何炤华、杨菊华:《安居还是寄居?不同户籍身份流动人口居住状况研究》,《人口研究》2013年第6期。

侯红娅、杨晶、李子奈:《中国农村劳动力迁移意愿实证分析》,《经济问题》2004年第7期。

胡荣、陈斯诗:《影响农民工精神健康的社会因素分析》,《社会》2012年第6期。

[西]华金·阿郎戈:《移民研究的评析》,黄为葳译,《国际社会科学杂志》2001年第3期。

黄斌欢:《双重脱嵌与新生代农民工的阶级形成》,《社会学研究》2014年第2期。

黄乾:《农民工定居城市意愿的影响因素——基于五城市调查的实证分析》,《山西财经大学学报》2008年第4期。

黄庆玲:《新生代农民工城市定居意愿研究——基于辽宁的调查》,博士学位论文,沈阳农业大学,2014年。

黄庆玲、张广胜:《新生代农民工中小城市定居意愿探析——基于辽宁5市县的调查》,《调研世界》2013年第7期。

黄振华、万丹:《农民工的城镇定居意愿及其特征分析——基于全国30个省267个村4980位农民的调查》,《经济学家》2013年第11期。

黄中伟、王宇露:《关于经济行为的社会嵌入理论研究述评》,《外国经济与管理》2007年第12期。

江立华:《城市性与农民工的城市适应》,《社会科学研究》2003年第5期。

江立华、谷玉良:《居住空间类型与农民工的城市融合途径——基于空间视角的探讨》,《社会科学研究》2013年第6期。

蒋建林、王琨:《城市化进程中外来民工居住问题研究》,《宁波大学学报(理工版)》2008年第3期。

金一虹:《流动的父权:流动农民家庭的变迁》,《中国社会科学》2010年第4期。

蒯旭光:《不同经济发展水平地区农民外出就业影响因素比较研究——基于苏中、苏北的实证分析》,《南京农业大学学报》2007年第4期。

赖德胜:《分割的劳动力市场理论评述》,《经济学动态》1996年第11期。

兰建平、苗文斌:《嵌入性理论研究综述》,《技术经济》2009 年第 1 期。

雷超超:《中国农业劳动力转移的动因及机理研究(1978—2011)》,博士学位论文,华南理工大学,2013 年。

李红专:《当代西方社会理论的实践论转向——吉登斯结构化理论的深度审视》,《哲学动态》2004 年第 11 期。

李明欢:《20 世纪西方国际移民理论》,《厦门大学学报》2000 年第 4 期。

李强:《影响中国城乡流动人口的推力与拉力因素分析》,《中国社会科学》2003 年第 1 期。

李实:《中国经济转轨中的劳动力流动模型》,《经济研究》1997 年第 1 期。

林家琦:《农民工城市生活现状与留城意愿研究——以浙江省为例》,硕士学位论文,浙江大学,2007 年。

刘林平、郑广怀、孙中伟:《劳动权益与精神健康——基于对长三角和珠三角外来工的问卷调查》,《社会学研究》2011 年第 4 期。

刘茜、杜海峰、靳小怡、崔烨:《留下还是离开:政治社会资本对农民工留城意愿的影响研究》,《社会》2013 年第 4 期。

刘同山、孔祥智:《家庭资源、个人禀赋与农民的城镇迁移偏好》,《中国人口·资源与环境》2014 年第 8 期。

刘于琪、刘晔、李志刚:《中国城市新移民的定居意愿及其影响机制》,《地理科学》2014 年第 7 期。

刘云旺:《中国劳动力市场分割:理论与实证研究》,硕士学位论文,西南财经大学,2004 年。

刘振东、李丽:《上海流动人口的城市定居意愿及其影响因素》,

《规划师》2015年第31期。

陆铭、陈钊:《城市化、城市倾向的经济政策与城乡收入差距》,《经济研究》2004年第6期。

陆铭、高虹、佐藤宏:《城市规模与包容性就业》,《中国社会科学》2012年第10期。

陆文荣、何雪松、段瑶:《新生代农民工:发展困境及出路选择》,《学习与实践》2014年第10期。

罗恩立:《我国农民工就业能力及其城市化效应研究》,博士学位论文,复旦大学,2012年。

骆新华:《国际人口迁移的基本理论》,《理论月刊》2005年第1期。

吕晓兰、姚先国:《农民工代际差异再研究——基于工资决定和留城意愿的视角》,《经济与管理研究》2014年第9期。

马九杰、孟凡友:《农民工迁移非持久性的影响因素分析:基于深圳市的实证研究》,《改革》2003年第4期。

马瑞、章辉、张森、徐志刚:《农村进城就业人员永久迁移留城意愿及社会保障需求——基于四省农村外出就业人口的实证分析》,《农业技术经济》2011年第7期。

孟传慧、田奇恒、王绪朗:《进城农民个体劳动者去与留的实证研究——对武汉市进城农民留城态度的调查》,《中国地质大学学报》2005年第4期。

聂伟、王小璐:《人力资本、家庭禀赋与农民的城镇定居意愿——基于CGSS 2010数据库资料分析》,《南京农业大学学报》2014年第5期。

宁越敏:《90年代上海流动人口分析》,《人口与经济》1997年第2期。

钱文荣、李宝值:《初衷达成度、公平感知度对农民工留城意愿的影响及其代际差异——基于长江三角洲16城市的调研数据》,《管理世界》2013年第9期。

清华大学社会学系:《农民工"短工化"就业趋势研究报告》,2012年2月8日。

全国总工会新生代农民工问题课题组:《关于新生代农民工问题的研究报告》,《工人日报》2010年6月21日,第1版。

任焰、潘毅:《跨国劳动过程的空间政治:全球化时代的宿舍劳动体制》,《社会学研究》2006年第4期。

任远:《"逐步沉淀"与"居留决定居留"——上海市外来人口居留模式分析》,《中国人口科学》2006年第3期。

任远:《谁在城市中逐步沉淀了下来?——对城市流动人口个人特征及居留模式的分析》,《吉林大学社会科学学报》2008年第4期。

任远、戴星翼:《外来人口长期居留倾向的Logit模型分析》,《南方人口》2003年第4期。

沈原:《社会转型与工人阶级的再形成》,《社会学研究》2006年第2期。

盛来运:《国外劳动力迁移理论的发展》,《统计研究》2005年第8期。

盛来运:《中国农村劳动力外出的影响因素分析》,《中国农村观察》2007年第3期。

石智雷、杨云彦:《家庭禀赋、家庭决策与农村迁移劳动力回流》,《社会学研究》2012年第3期。

史学斌、武辉、贾俊花:《人口城市化动力机制理论综述》,《西北人口》2006年第3期。

宋林飞:《"民工潮"的形成、趋势与对策》,《中国社会科学》1995年第4期。

孙战文:《农民工家庭迁移决策与迁移行为研究》,博士学位论文,山东农业大学,2013年。

孙中伟:《农民工大城市定居偏好与新型城镇化的推进路径研究》,《人口研究》2015年第5期。

孙中伟、杨肖锋:《脱嵌型雇佣关系与农民工离职意愿——基于长三角和珠三角的问卷调查》,《社会》2012年第3期。

孙自法:《中国存在"四农"问题 农民工问题是核心》,《三农中国》2005年第10期。

万向东:《农民工非正式就业的进入条件与效果》,《管理世界》2008年第1期。

万向东:《农民工非正式就业研究的回顾与展望》,《中山大学学报》2009年第1期。

汪华:《乡土嵌入、工作嵌入与农民工集体行动意愿》,《广东社会科学》2015年第2期。

汪勇:《"农民工"称谓的历史演变及其启示》,《南京社会科学》2007年第11期。

王道勇:《社会称谓视角下的农民工社会形象变迁》,《中州学刊》2016年第1期。

王桂新、武俊奎:《城市农民工与本地居民社会距离影响因素分析:以上海为例》,《社会学研究》2011年第2期。

王开庆、刘林平:《群际交往、人际信任与社会距离——城市居民与农民工的群际关系研究》,《云南大学学报(社会科学版)》2015年第4期。

王小鲁:《中国城市化路径与城市规模的经济学分析》,《经济研究》2010年第10期。

王兴周:《农民工城市性及其影响因素研究》,博士学位论文,上海大学,2008年。

王兴周、张文宏:《城市性:农民工市民化的新方向》,《社会科学战线》2008年第12期。

王毅杰:《流动农民留城定居意愿影响因素分析》,《江苏社会科学》2005年第5期。

王毅杰、茆农非:《社会经济地位、群际接触与社会距离——市民与农民工群际关系研究》,《南京农业大学学报(社会科学版)》2016年第4期。

王毅杰、王开庆:《流动农民与市民间社会距离研究》,《江苏社会科学》2008年第5期。

王玉君:《农民工城市定居意愿研究——基于十二个城市问卷调查的实证分析》,《人口研究》2013年第4期。

尉建文、张网成:《农民工留城意愿及影响因素——以北京市为例》,《北京工业大学学报》2008年第1期。

位秀平、杨磊:《国际移民理论综述》,《黑河学刊》2014年第1期。

文军:《从生存理性到社会理性选择:当代中国农民外出就业动因的社会学分析》,《社会学研究》2001年第6期。

文军:《农民市民化:从农民到市民的角色转型》,《华东师范大学学报》2004年第3期。

文军:《从分治到融合:近50年来我国劳动力移民制度的演变及其影响》,《学术研究》2004年第7期。

吴兴陆:《农民工定居性迁移决策的影响因素实证研究》,《人口与经济》2005年第1期。

吴兴陆、亓名杰:《农民工迁移决策的社会文化影响因素探析》,《中国农村经济》2005年第1期。

肖金成:《城市群实现大中小城市协调发展》,《城市住宅》2013年第4期。

肖艳平:《我国城市流动人口定居意愿及影响因素实证分析——基于全国流动人口大样本问卷调查》,硕士学位论文,浙江大学,2012年。

谢宝富、李阳、肖丽:《广义居住因素对流动人口定居意愿的影响因素分析——以京、沪、穗城乡接合部流动人口为例》,《中南大学学报》2015年第1期。

邢朝国、陆亮:《交往的力量——北京市民与新生代农民工的主观社会距离》,《人口与经济》2015年第4期。

熊波、石人炳:《农民工定居城市意愿影响因素——基于武汉市的实证分析》,《南方人口》2007年第2期。

熊易寒:《整体性治理与农民工子女的社会融入》,《中国行政管理》2012年第5期。

许传新、许若兰:《新生代农民工与城市居民社会距离实证研究》,《人口与经济》2007年第5期。

杨华:《外来农民工城市定居意愿及其影响因素研究》,硕士学位论文,苏州大学,2008年。

杨云彦、石智雷:《家庭禀赋对农民外出务工行为的影响》,《中国人口科学》2008年第5期。

姚俊:《农民工定居城市意愿调查——基于苏南三市的实证分析》,《城市问题》2009年第9期。

叶鹏飞:《农民工的城市定居意愿研究——基于七省(区)调查数据的实证分析》,《社会》2011年第2期。

悦中山:《农民工的社会融合研究:现状、影响因素与后果》,博士学位论文,西安交通大学,2011年。

曾旭晖、秦伟:《在城农民工留城倾向影响因素分析》,《人口与经济》2003年第3期。

张静:《制度的品德》,《开放时代》2016年第6期。

张宁俊、兰海、袁梦莎:《新生代农民工脱嵌性劳动关系研究》,《中国劳动》2015年第6期。

张翼:《农民工"进城落户"意愿与中国近期城镇化道路的选择》,《中国人口科学》2011年第2期。

赵敏:《国际人口迁移理论评述》,《上海社会科学院学术季刊》1997年第4期。

赵燕:《新迁移经济学对研究我国农村劳动力转移问题的适用性分析》,《经济研究导刊》2011年第11期。

赵艳枝:《外来人口的居留意愿与合理流动——以北京市顺义区外来人口为例》,《南京人口管理干部学院学报》2006年第4期。

甄志宏:《从网络嵌入性到制度嵌入性——新经济社会学制度研究前沿》,《江苏社会科学》2006年第3期。

郑广怀:《迈向对员工精神健康的社会学理解》,《社会学研究》2010年第6期。

郑华伟、刘聪:《农民工留城意愿影响因素分析——基于对山东省菏泽市的调查》,《石家庄经济学院学报》2010年第1期。

周飞舟、王绍琛:《农民上楼与资本下乡:城镇化的社会学研究》,《中国社会科学》2015年第1期。

周皓:《中国人口迁移的家庭化趋势及影响因素分析》,《人口研究》2004年第6期。

周建华、周倩:《高房价背景下农民工留城定居意愿及其政策含义》,《经济体制改革》2014年第1期。

周晓虹:《流动与城市体验对中国农民现代性的影响——北京"浙江村"与温州一个农村社区的考察》,《社会学研究》1998年第5期。

朱磊、雷洪:《论农民工的分类及其转型》,《社会学评论》2015年第5期。

朱明芬:《农民工家庭人口迁移模式及影响因素分析》,《中国农村经济》2009年第2期。

朱农:《论收入差距对中国乡城迁移决策的影响》,《人口与经济》2002年第5期。

朱妍、李煜:《"双重脱嵌":农民工代际分化的政治经济学分析》,《社会科学》2013年第11期。

朱宇:《国外对非永久性迁移的研究及其对我国流动人口问题的启示》,《人口研究》2004年第3期。

朱宇:《户籍制度改革与流动人口在流入地的居留意愿及其制约机制》,《南方人口》2004年第3期。

左学金:《"浅度城市化"如何破题》,《人民论坛》2010年第7期。

Dustmann, C., "Return Migration: The European Experience," *Economic Policy*, Vol.11, No.22(1996).

Fan, C.C., "Settlement Intention and Split Households: Findings from a Survey of Migrants in Beijing's Urban Villages," *The China Review*, Vol.11, No.2(2011).

Fei, J.C.H. and Ranis, G., "A Theory of Economic Development," *The American Economic Review*, Vol.51(1961).

Granovetter, M., "Economic Action and Social Structure: The Problem of Embeddedness," *American Journal of Sociology*, Vol.91, No.3(1985).

Hagedoorn, J., "Understanding the Cross-Level Embeddedness of Inter-Firm Partnership Formation," *The Academy of Management Review*, Vol.31, No.3(2006).

Jessop, B., "Regulationist and Autopoieticist Reflections on Polanyi's Account of Market Economies and the Market Society," *New Political Economy*, Vol.6(2001).

Lewis, W. A., "Economic Development with Unlimited Supplies of Labour," *The Manchester School*, Vol.22, No.2(1954).

Lewis, W. A., "Unlimited Labor: Further Notes," *The Manchester School*, Vol.1(1958).

Macunovich, D.J., "A Conversation with Richard Easterlin," *Journal of Population Economics*, Vol.10(1997).

Massey, D.S., Arango, J., Hugo, G., Kouaouci, A., Pellegrino, A., and Taylor, J. E., "Theories of International Migration: A Review and Appraisal," *Population and Development Review*, Vol.19, No.3(1993).

Mitchell, T.R., Holtom, B.C., Lee, T.W., Sablynski, C.J., and Erez, M., "Why People Stay: Using Job Embeddedness to Predict Voluntary Turnover," *Academy of Management Journal*, Vol.44, No.6(2001).

Polanyi, K., "The Economy as Instituted Process," in Polanyi, K., Arensberg, C.M., and Pearson, H.W. eds., *Trade and Market in the Early Empires: Economies in History and Theory*, Chicago: Henry Regnery Company, 1957.

Ravenstein, E.G., "The Laws of Migration," *Journal of the Royal Statistical Society*, Vol.52, No.2(1889).

Simmel, G., "The Metropolis and Mental Life," in Donald N. Levine ed., *Georg Simmel on Individuality and Social Forms*, Chicago: University of Chicago Press, 1903.

Solinger, D.J., "Citizenship Issues in China's Internal Migration: Comparisons with Germany and Japan," *Political Science Quarterly*, Vol.114, No.3(1999).

Stark, O. and Bloom, D.E., "The New Economics of Labor Migration," *The American Economic Review*, Vol.75, No.2 (1985).

Stark, O. and Taylor, J.E., "Migration Incentives, Migration Types: The Role of Relative Deprivation," *The Economic Journal*, Vol.101, No.408(1991).

Van Tubergen, F., Maas, I., and Flap, H., "The Economic Incorporation of Immigrants in 18 Western Societies: Origin, Destination, and Community Effects," *American Sociological Review*, Vol.69, No.5(2004).

Wirth, L., "Urbanism as a Way of Life," *American Journal of Sociology*, Vol.44(1938).

Wright, E. and Martin, B., "The Transformation of the

American Class Structure, 1960-1980," *American Journal of Sociology*, Vol.93, No.1(1987).

Zhao, Y.H., "Causes and Consequences of Return Migration: Recent Evidence from China," *Journal of Comparative Economics*, Vol.30, No.2(2002).

Zhu, Y. and Chen, W., "The Settlement Intention of China's Floating Population in the Cities: Recent Changes and Multifaceted Individual-Level Determinants," *Population, Space and Place*, Vol.16, No.4(2010).

图书在版编目(CIP)数据

嵌入城市：农民工永久迁移意愿及其影响因素研究 / 陆文荣著 .— 上海：上海社会科学院出版社，2023
 ISBN 978 - 7 - 5520 - 3852 - 1

Ⅰ.①嵌… Ⅱ.①陆… Ⅲ.①民工—人口迁移—研究—中国 Ⅳ.①D422.64 ②C922.2

中国国家版本馆 CIP 数据核字(2023)第 115120 号

嵌入城市：农民工永久迁移意愿及其影响因素研究

著　　者：陆文荣
责任编辑：包纯睿
封面设计：黄婧昉
出版发行：上海社会科学院出版社
　　　　　上海顺昌路 622 号　邮编 200025
　　　　　电话总机 021 - 63315947　销售热线 021 - 53063735
　　　　　http://www.sassp.cn　E-mail：sassp@sassp.cn
照　　排：南京理工出版信息技术有限公司
印　　刷：上海颛辉印刷厂有限公司
开　　本：890 毫米×1240 毫米　1/32
印　　张：7.5
插　　页：1
字　　数：174 千
版　　次：2023 年 8 月第 1 版　2023 年 8 月第 1 次印刷

ISBN 978 - 7 - 5520 - 3852 - 1/D·692　　　　　　　　　定价：68.00 元

版权所有　翻印必究